劉備玄徳像　（ボストン美術館蔵）　Alamy 提供

右：諸葛孔明の隆中《りゅうちゅう》の草廬《そうろ》跡（湖北省襄樊《じょうはん》市）　アフロ提供

白帝城《はくていじょう》の城門　（重慶市奉節県）　アフロ提供

中国の切手）

Alamy提供

武侯祠の正門（四川省成都市）Alamy提供

劉備玄徳の陵墓（四川省成都市の武侯祠内）CPC提供

孫権の陵墓（江蘇省南京市）アフロ提供

孫権像　（ボストン美術館蔵）　Alamy 提供

新・人と歴史 39

『三国志』の英雄 劉備玄徳と孫権

林田慎之助 著

SHIMIZUSHOIN

はじめに

『三国志』の時代は、すべてが流動的であり、混沌としていた。

この時代、だれもが自分の明日の運命さえも占うことができなかったように、だれもが明日という日の可能性を否定することはできなかった。これを言い換えれば、屍臭のたちこめるただなかにあって、なおかつ人間が人間らしい欲望と野心をたぎらせて生きた時代であったのだ。

本来、さまざまな可能性をもっているはずの人間が、その可能性を引き出し、試し、実らせる恰好《かっこう》な舞台を提供する時代は、そうざらにあるものではない。『三国志』の時代は、まぎれもなくそういう時代であった。無秩序であるが、それだけ開かれた時代であった。

群雄は無秩序の混沌《こんとん》に秩序あらしめようとして、幾十万の人間をいちどきに虐殺することをあえて辞そうとはしない。ために、人々は死と背中合わせの危険にさらされてはいたが、その死線を脱することができた者は、おのが知力と胆力をぞんぶんに試し、発現することもできたのである。

『三国志』の時代は混沌たる乱世ではあったが、それだけに可能性に満ちた時代であった。そこからなにが飛び出してくるかわからぬ混沌が、人々に恐怖と期待を抱かせたが、それだけに人間の知力と胆力しだいでは、天下をわが手に収め、覇業《はぎょう》を達成することも十分に可能な現実が、そこにはあった。

『三国志』の時代に覇業を達成した覇者《はしゃ》を挙げるとすれば、三国鼎足《ていそく》の状況を形成した魏《ぎ》の曹操《そうそう》、蜀《しょく》の劉備玄徳《りゅうびげんとく》、呉《ご》の孫権《そんけん》に指を屈することには、だれしも異論はないはずだ。

もちろん、彼らが乱世の混沌からぬけだして覇者にまでなったのは、尋常一様の苦労ではなかった。育てるべきものを育て、攻め取るべきものは攻め取り、守るべきものを守ることに懸命であった。彼らはつねに勝利者であったわけではない。手痛い敗北を受けて、絶望の淵にいくどとなく立たされたが、また立ち直っては、その敗北の貴重な経験を再生の糧《かて》として生かしながら、戦いぬいてきたのである。

三人の覇者のなかでも、比較的に恵まれていたのは、呉の孫権であった。彼は父の孫堅《そんけん》、兄の孫策《そんさく》が二代にわたって、肥沃で広大な江南の地に築いてきた勢力を基盤にして出発できたからである。その孫権さえ、『三国志』という歴史書を書いた陳寿《ちんじゅ》にいわせると、「身を屈して恥を忍び、才を任んじ、計を尚《とうと》び、勾践《こうせん》の奇英ふるくから有り」ということになる。勾践とは戦国時代、「臥薪嘗胆《がしんしょうたん》」の苦難をみずからに課し、身を屈し恥を忍んで、ついに仇敵呉王夫差《ふさ》を倒した越王《えつおう》のことである。その艱難辛苦《かんなんしんく》に、耐えた勾践の英傑《えいけつ》ぶりに、孫権のおもかげをみるというのである。

ましてて曹操は宦官《かんがん》の家なき子であったし、劉備は貧しい母子家庭で育っていた。宦官の家の子であるというだけで、侮蔑《ぶべつ》の対象とされた時代である。曹操の家系は大宦官であったので、財産はうなるほどあったにちがいないが、彼がどう学問して教養を積んでみても、いかに武芸の腕を磨き、ひいでたわざを身につけても、生まれながらにして焼きつけられていた烙印《らくいん》を消すことは容易なわざではなかったのだ。

劉備には、たしかに漢の王室の劉姓と同じだという誇りが、彼の唯一の金看板になったが、それはのちのこと。少年時代の劉備は草履《ぞうり》を編んで、それを売ることで母親ひとりの貧しい生計を助けねばならなかった。学問をしたいと思っても、母親の手から遊学の費用はびた一文も出なかった。青年劉備は叔父が工面した学費に頼らねばならぬ肩身の狭さを、しみじみと味わってきたはずだ。こうしてみると、孫権はともかくとして、曹操も劉備も逆境のなかに生を享け、逆境のなかで育ってきた人物である。二人にくらべると、恵まれた環境に育ったはずの孫権も、頼りにしていた父と兄を亡くし、若くして呉の頭領となり、愛する祖国のために、時には「身を屈して恥を忍んで」きたのである。

権謀術数《けんぼうじゅっすう》なくして、覇者たることはできぬというのは、自明の理であるにしても、覇者たる者の条件からすれば、権謀術数はそのすべてではない。

覇者が覇者たりうる条件は、おそらくはその人間的魅力に尽きるであろう。その人間的な魅力があってこそ、逆境におかれた人間を覇者の地位にまで押し上げたのである。

ここでは劉備玄徳と孫権の二者が混沌たる三国時代にあって、その覇者たりえた人間的魅力とはなにか、それを知るためには、彼らが覇者となるまでにどのような生き方をしてきたのか、同時代の政治と人間の状況にたいしてどのように対応したのか、ありていにみて彼らはどのように人間を愛し憎んだのか、それらを具体的な事件を通じてつぶさにみる必要があるであろう。

目次

Ⅱ

諸葛孔明作「梁甫の吟」の章

Ⅲ　孫権の章

※本書に掲載した挿絵のうちで、特に出典を示していないのは、江戸時代に刊行された『絵本通俗三国志』（湖南文山筆、葛飾載斗〔二代目、北斉の弟子〕画）によるものである。

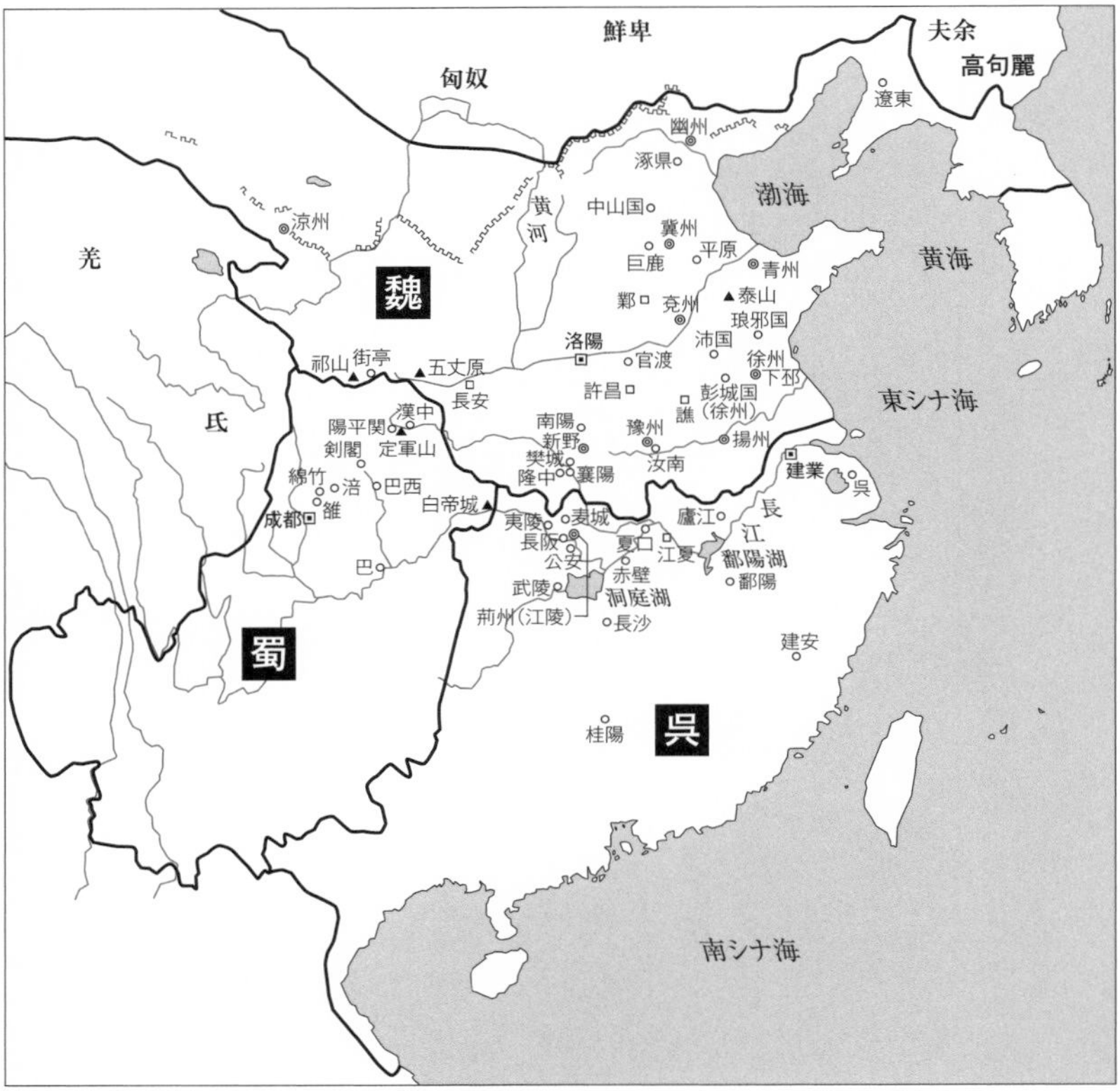

鮮卑
夫余
高句麗
匈奴
遼東
幽州
涿県
渤海
涼州
黄河
中山国
冀州
巨鹿
平原
青州
黄海
羌
魏
鄴
兗州
泰山
琅邪国
洛陽
沛国
祁山
街亭
五丈原
官渡
徐州
下邳
長安
許昌
彭城国
(徐州)
譙
東シナ海
氐
漢中
陽平関
定軍山
南陽
新野
豫州
揚州
剣閣
樊城
隆中
襄陽
汝南
建業
呉
綿竹
涪
巴西
雒
成都
白帝城
夷陵
麦城
廬江
長
江
長阪
夏口
公安
江夏
鄱陽湖
赤壁
鄱陽
武陵
洞庭湖
荊州(江陵)
長沙
巴
蜀
建安
呉
桂陽
南シナ海

三国時代地図

I

劉備玄徳の章

一　『三国志』蜀書の成り立ち

❖「劉二牧伝」

小説『三国志演義』の種本となったのは、西晋《せいしん》の史家・陳寿《ちんじゅ》（二三三〜二九七）が著した史書の『三国志』である。史書『三国志』は、魏書《ぎしょ》・蜀書《しょくしょ》・呉書《ごしょ》に分かれ、それぞれに、三〇巻・一五巻・二〇巻をさいている。

本書で三国志の覇者《はしゃ》として、まず劉備玄徳《りゅうびげんとく》を取り上げ、孫権《そんけん》をその後に回すことにしたのは、歴史書『三国志』の体裁に従ったにすぎないが、それにしても、『三国志』の舞台では、曹操《そうそう》、劉備がなんといってもその主役であり、呉の孫権はやはり第三の男というイメージはぬぐえない。

陳寿は、『三国志』の蜀書において、その最初に「劉二牧伝《りゅうじぼくでん》」をすえており、劉備の伝記は「先主伝《せんしゅでん》」と題して、そのつぎにまわしている。

率直なところ、陳寿が劉備の伝記を蜀書においていちばん最初にあげないのも腑《ふ》におちないし、劉備の伝記が先主伝であるのはなぜかと、疑問を抱く人も少なくないはずである。じつは、このあたりに、史家としての陳寿の蜀書および劉備にたいする用意周到な配慮がはたらいていたと、私はみたい。

劉備が巴蜀《はしょく》の地、現在の四川省に蜀漢帝国を築き上げるまえに、その地方を治め、その地方の軍事行政の権限をすべて後漢王朝からまかされていたのが、益州牧《えきしゅうぼく》の劉焉《りゅうえん》・劉璋《りゅうしょう》父子であった。牧とは後漢王朝が正式に認めた地方長官の官職名であったので劉二牧伝と題して、劉備の先主伝のまえに、劉焉父子の伝記があるのはそのためである。――これがいわば蜀書についての常識的な見方だと考えられる。

劉備玄徳

かねがね曹操の巴蜀侵攻に脅威を抱いていた益州牧の長官劉璋の招きに応じて、赤壁《せきへき》の戦いののちに、荊《けい》州から入蜀した劉備が、劉璋の手からもぎとった末に、建国したのが蜀漢帝国であった。そのために、陳寿は「劉二牧伝」を蜀書の冒頭にすえたが、その劉璋についての陳寿の評価はすこぶるからい。

劉璋は英雄としての能力もないのに、領土を占有し、世の中を乱した。柄《がら》にもない地位に就き、のちに領地を侵されたのは自然の道理である。彼が領土と官位を奪われたのは、不幸とはいえないだろう。

この陳寿の劉璋評価は裏から読めば、巴蜀の地を劉璋から奪い、彼の官位を無にした劉備玄徳の侵犯行為を肯定する発言である。領土と官職を失った劉璋を不幸だといえないとすれば、それを奪った劉備の政治的行動はいかにも正義にかなっていたということになるではないか。ここに、陳寿の用意周到な配慮があるというわたしの見方は、あながち見当ちがいではあるまい。そのあとに、劉備の先主伝が出てくるというお膳立てであるからなおさらのことである。

それではなぜ、劉備の伝記が先主伝なのか。もともと陳寿という歴史家は蜀の巴西郡安漢の出身で、蜀の観客令史、つまり帝室図書館員として、劉備の嗣子《しし》の劉禅《りゅうぜん》に仕えた人物である。劉備を陳寿が「先主」と呼ぶのは、そのためである。

❖弘毅寛厚、人を知り士を待す

陳寿の先主、劉備にたいする評価は、劉璋のそれとは逆にすこぶる高い。『三国志』蜀書の先主伝の末尾ではこう評している。

先主劉備は度量が広く意志が強く、篤実寛容であったので、人物を見分けて士人を待遇した。思うに漢の高祖の面影があり、英雄の器であった。諸葛孔明《しょかつこうめい》にその国をまかせ、遺児を託した心に、なんの迷いもなかった。まことに、私心を去った君臣のあり方として、古今を通じて最高のものであった。権謀と才略にかけては、魏の曹操におよばなかったので、国土もまた狭かったが、敗れても屈せず、最後まで曹操の下に仕えなかったのは、そもそも曹操の度量が絶対に自分を受け入れないと推し測っていたからである。ただ単に利を競ったのではなく、そこなわれることを避けたためでもあったのだ。

「弘毅寛厚、人を知り士を待するのは、蓋《けだ》し高祖の風有り。英雄の器なり」とは、その書きだしの漢文脈だが、覇者英雄をたたえる最大の賛辞である。

蜀漢帝国の君主としての劉備にたいする後世の評価はかならずしも高くはない。凡庸《ぼんよう》だという相場が決まっていて、諸葛孔明のささえがなかったならば、とうてい蜀漢帝国をあそこまで築きあげることはできなかったであろうというのである。

しかしながら、知者の孔明、豪勇の関羽《かんう》・張飛《ちょうひ》をしてあれほどまでに慕わしめた劉備玄徳の人間的魅力は、ただものであるはずはない。

世は乱世である。できるだけ多くの人材を得て、それをいかすことが、一国を強くし、富ますことができる時代であった。上に立つ者だれしもが、才幹のある者を懸命に探し求めた。曹操にしてがそうであった。「ただ才があれば、之《これ》を挙《あ》げよ」とは、彼の時代に対処する痛切な要求であった。

劉備に仕えていた孔明を使者として引見した呉の孫権が、彼を呉に迎えることに熱心であり、すでに呉の知恵袋となった兄の諸葛瑾《しょかつきん》に相談をもちかけた話は有名である。関羽もまた魏の曹操がぞっこんほれ込んだ豪勇である。敵将として捕らえられた関羽の縄目を解き、自分の部将として取り立てて厚遇したことはよく知られている。にもかかわらず、孔明にはついに孫権に仕える二心はなかったし、関羽は曹操に恩義を返してから、劉備のもとに帰参している。

これは男が男にほれたのである。そのほれ方は尋常一様ではなかった。まだ海のものとも山のものとも知れない劉備玄徳を一国の主たるべき人物として仰ぎ、もり立てることに、彼らがたゆまず孜々《しし》としてつとめたのは、劉備によほどの魅力が備わっていなければできることではなかったはずである。とすれば、陳寿がいうように、劉備は「弘毅寛厚、人を知り士を待す」ることにおいてさとい英雄としての風格と器量を、たしかに備えていた人物であったにちがいない。

二　徐州牧劉備の誕生

❖漢王朝の末裔

劉備は、字《あざな》を玄徳《げんとく》（一六一～二二三）といい、今日の北京《ペキン》から南方にほぼ五五キロメートルほど離れた河北省范陽《はんよう》県、むかしの涿《たく》郡涿県の楼桑《ろうそう》村が、その出生の地である。

前漢の景帝《けいてい》の子で中山靖王《ちゅうざんせいおう》と称せられた劉勝《りゅうしょう》の子孫だという。劉勝は漢の武帝の兄にあたるが、正嫡ではなかったので、中山国の諸侯《しょこう》として封《ほう》ぜられた。

一九六八年六月、現在の河北省保定市の西北にある満城県から、劉勝の墓が発見され、彼の遺体に着せられていた「金縷玉衣《きんるぎょくい》」が、その墓から現れて、たいへんな評判となった。おそらく、このあたりに、中山国の故城があったのであろう。

この劉勝は酒色に親しみ、一二〇人あまりの子沢山であったという。そのうちの一人であった劉貞《りゅうてい》は、『三国志』蜀書の先主伝によれば、「涿郡の陸城亭侯」に封ぜられたことになっているが、中山国に属する陸成という県を封土《ほうど》とする侯になったというのが正しいとされている。

ところがこの劉貞は諸侯として漢室の宗廟《そうびょう》に献上する祭祀料《さいしりょう》の金額が少なかったという理由で、罰せられて諸侯の位を召しあげられた。その子孫がそのまま涿県に居つき、劉備にまで至ったという。この真偽のほどは分からないが、漢王朝の末裔《まつえい》で劉氏の姓であったことは、劉備玄徳が覇業を達成するのに大きくプラスにはたらいた。

もとをたどれば出自は高貴ではあったが、現実に少年劉備を取り巻く生活の状況は貧困も底をついていた。草履《ぞうり》や蓆《むしろ》を編んでは、それを売り、母を助けて貧しい家計をささえていた。父親の劉弘《りゅうこう》は小役人のまま、幼い劉備をのこして死没し、この母子家庭にはさしたる蓄えもなかったからである。

劉備の家の東西の角地に、一本の桑の大木がそびえ立っていた。高さは五丈を超え、こんもり茂った枝は、遠くから眺めると、まるで貴人が乗る車の蓋《がい》のようにみえたので、そこを通りかかった人々は、

「あの家からは、きっと身分の高い人物が出るぞ」

とうわさした。

このうわさを意識してか、少年の劉備はこの木の下で親戚の子供たちと遊んでいたとき、こういった。

「いまにおれも、きっとこんな天子の車に乗ってやるぞ」

これを聞きとがめて叔父の劉子敬《りゅうしけい》は、

「汝《なんじ》、妄語《もうご》するなかれ。わが門を滅ぼさん」

ときつく劉備を戒めたという。

一五歳になった劉備は、都洛陽《らくよう》に近い緱氏《こうし》県の山中にある学舎に遊学した。親戚の劉元起《りゅうげんき》が学費を負担してくれたのである。いつも変わらず息子の徳然《とくぜん》と同額の学費を劉備にも送金しつづけるので、元起の妻が不満げに言った。

「親戚でも、家は別です。そこまですることはありますまい」

「いや、わが一族のなかでも、あの子はずば抜けている。なみの人間ではないのだ」

これが劉元起の言い草であった。

遊学先は同じ涿県出身の盧植《ろしょく》の学舎であった。盧植は馬融《ばゆう》門下で、後漢の大儒《たいじゅ》・鄭玄《じょうげん》とならびたつほどの学者であった。九江郡の太守を務めたのち、病で退官し、緱氏県の山中に学舎を開いて子弟の教育にあたっていた。この学舎で知り合ったのが、のちに白馬将軍とうたわれて、後漢末の動乱期に活躍した群雄の一人、公孫瓚《こうそんさん》（?～一九九）。彼と劉備は親友になった。公孫瓚が年長であったので、劉備は彼に兄事したが、のちにこの邂逅《かいこう》が、劉備の将来に大きな飛躍をもたらすようになろうとは、いまだこのとき劉備は知るよしもなかった。

せっかくの劉元起の厚意にもかかわらず、遊学した劉備はどちらかといえば、学問よりも音楽や狩猟が好きなおしゃれな若者だった。

青年期にさしかかった劉備は、すでに身長七尺五寸（約一八〇センチメートル）の偉丈夫に成長していた。左右の手はらくにひざまでとどき、耳が大きく、横目を使えば、それがみえるほどであったという。口数こそ少ないが、よく相手を立てて、めったに感情を表すことはなかった。男どうしのつきあいとなると、それはなによりもだいじにしたので、人々は争って劉備に交際を求めた。

❖「桃園の結義」

黄巾《こうきん》の乱が起こった後漢の霊帝《れいてい》の中平《ちゅうへい》元（一八四）年には、劉備は二四歳になっていた。

小説『三国志演義』によれば、黄巾の乱鎮圧のために、忠義の士あれば来たれという義勇兵士募集の高札をみて、劉備が長歎息して帰りかけると、背後から声をかける者がいた。

「大丈夫《たいじょうぶ》の士、国のために力を出さずして、なにごとか長歎息するぞ」

みれば、身の丈八尺（約一九三センチメートル）、豹頭環眼（豹《ひょう》のような頭に環《まる》い眼）、燕顔虎鬚（燕《つばめ》のようなとがった頷《あご》に虎のような鬚《ひげ》）で、雷のごとき声、奔馬のごとき勢いの張飛《ちょうひ》、字は翼徳《よくとく》（?～二二一）が立っていた。

劉備はこの張飛をともなって家に帰り、酒を飲んで天下の形勢を議していると、一台の車を

「桃園結義」

酒屋の門外に止めて、酒を買い求めている男が目にとまった。身の丈九尺五寸（約二二九センチメートル）、頰髯《ほおひげ》の長さ一尺八寸（四三・四センチメートル）、面はすすけた棗《なつめ》のごとく黒く、唇は丹砂のごとく赤く、切れ長の目、太い眉。風貌は堂々として、威風あたりをはらって凜《りん》たるありさまだった。

劉備がこれを迎え入れると、河東郡の解県《かいけん》の出身で、関《かん》羽《う》、字は雲長《うんちょう》（?～二一九）と名乗った。わけあって人を殺し、流浪しているが、黄巾討伐の英雄義士を招くと聞いて、この涿県にやって来たという。

劉備玄徳はおおいに喜び、おのが志を語って聞かせた。それに共感した関羽と張飛は、翌日劉備とともに、張飛が家の裏庭に咲く桃花のもとで、三人義兄弟の契りをかわして、こう誓った。

「いま三人姓氏異なるといえども、ここに結んで兄弟となり、心を合わせて、漢室を扶《たす》け、上は国家に報じ、下は万民を救うべし。同年同月同日に生まるることを望まざるも、願わくば同年同月同日に死なん」

これがいわゆる「桃園の結義」である。劉備が関羽・張飛に語ったわが志とは、「漢室を扶け、上は国家に報じ、下は万民を救うべし」というものであった。

史書『三国志』のどこを捜しても、この「桃園の結義」の記事はみあたらないが、おそらくこうした結びつきが、黄巾の乱が起こった当時、各地で義勇軍に応募して立ちあがった男だての間には、ごく自然におこなわれていたとみてよい。劉備主従の結盟はその際立った類例であった。

そのころ、中山郡に張平生《ちょうへいせい》、蘇双《そそう》という豪商がいて、馬を売るために涿郡を回っているうちに劉備をみて、「これはなみの人物ではない」とほれこんで、多額の軍資金を提供した。これを元手に、劉備は周辺の若者を集め、義勇軍を組織することができた。――陳寿は『三国志』蜀書の先主伝で、劉備の旗揚げをこう記すだけである。ここでも生来劉備に備わっていた、たちまち人をひきつけずにおかない風貌姿勢が、その磁力を発揮したのだ。二人の豪商は、関羽・張飛と同じく、劉備にほれて、その将来にかけたのである。

❖黄巾討伐の義兵

当時、たしかに幽州《ゆうしゅう》には中山県の馬商人が活躍していた。彼らは千金を資本とする大商人であった。おそらく彼らの商売の相手は、幽州の軍閥であったであろう。このあたりは鮮卑《せんぴ》・烏《う》桓《かん》・匈奴《きょうど》といった異民族と境を接し、騎馬戦にたけたこれらの異民族の侵略をこうむることしばしばであったので、これに対抗するためには、すぐれた軍馬を必要とした。馬商人が活躍するには、幽州は恰好の舞台であった。しかし、後漢末、黄巾軍が乱を起こした前後は治安が悪く、馬の群れを引きつれての往来はたぶんに危険をともなっていた。馬商人は商売の安全を確保するために、民間の豪侠《ごうきょう》の力を借りる必要があった。彼らが劉備の一党に目をつけて資金援助をしたのは、彼の風貌と実力に頼むところがあったからであろう。

かくして劉備は組織した義勇軍を引きつれて、校尉鄒靖《こういすうせい》のもとで黄巾討伐に参加した。その功績で、安喜県の尉、つまり警察署長に取り立てられた。

そのうちに、黄巾軍鎮圧の目的で登用した新参者の再審査が始まった。劉備もその該当者だった。再審査のために中央から派遣された巡察官が県に到着した。巡察官ははじめから得体《えたい》の知れぬ劉備を追放する腹づもりである。劉備はおよその察しはついていたので、さっそく巡察官に会見を申し入れた。ところが、巡察官は仮病《けびょう》を使って会おうとしない。劉備はその仕打ちを恨み、いったん引き上げてから、部下を引き連れて戻ってくると、その宿舎に押し入った。

「わしは太守の密命をおびたものである。巡察官は逮捕致す」

こう呼ばわって、就寝中の巡察官を縛りあげてから、県境につれだし、警察署長の印綬《いんじゅ》を外すと巡察官の首にかけ、木に縛りつけてさんざん笞《むち》でうちすえた。劉備にしてははじめて手に入れた官位である。それも黄巾討伐の実績があったためである。そのとき働いてくれた部下も養わねばならぬ。再審査で追放されてはたまったものではない。劉備が腹を立てたのもむりからぬことであった。殺すつもりでいたが、巡察官が泣いて命乞いをするので、そのままにして立ち去った。

ときに、黄巾の乱の勢いは燎原《りょうげん》に燃え盛る火のように全国に波及していた。この火の手を鎮圧する大将軍に任命されたのが、霊帝《れいてい》の皇后何《か》氏の兄である何進《かしん》であった。彼は警備隊長の毌《かん》丘《きゅう》毅《き》を丹陽郡に派遣して、黄巾討伐の義兵を募った。無位無官の劉備はこれに応募。黄巾軍と下邳《かひ》で戦い、その戦功によって、下密県の丞《じょう》、つまり副知事に任命されたが、これもながくはつづかなかった。

その後、劉備は黄巾軍と戦っては、その功績で高唐県の警察署長、ついで県知事にまでなったが、黄巾軍に敗れると、県知事を放り出して逃げるので、いっこうに芽が出ない。そのころ盧植門下で知り合った学友の公孫瓚がいつの間にか出世していて、中郎将（近衛司令官）になって遼東に進出していたので、劉備はこれを頼って、その別動隊の参謀にしてもらった。これがきっかけで、軍功を立てた劉備は、やがて平原《へいげん》国の執政官となることができた。はじめて劉備に運が向いてきたのである。

劉備が平原国の執政官であったときのことだが、その郡民に劉平《りゅうへい》という者がいた。彼はまえまえから劉備をばかにしていたので、その風下に立つことを恥じて、劉備に刺客《しかく》をさしむけた。刺客は劉備を見て、襲う気にならず、逆に事の次第をうちあけて立ち去った。やはり、劉備は天性どこか人の心をとらえる魅力を備えていたのだ。

初平《しょへい》四（一九三）年、曹操《そうそう》（一五五～二二〇）は父の仇を討つために徐州《じょしゅう》に攻め入った。徐州の長官陶謙《とうけん》は公孫瓚の麾下《きか》にあった青州刺史《せいしゅうしし》の田楷《でんかい》と平原国執務官の劉備に救援を要請した。このとき、劉備の軍勢といえば、生え抜きの手勢は一〇〇〇騎、あとは幽州烏桓の胡騎兵、それに作戦途中で加わった飢民を兵に仕立てたのが数千。合わせても七〇〇〇足らずであった。

小説『三国志演義』をみると、陶謙のよる郯城《たんじょう》（小沛《しょうはい》）は曹操軍に十重二十重《とえはたえ》と包囲されて、手の下しようがないありさまだったが、そこは劉備。〈城が落ちての援軍とあっては、義がたたぬ〉と意を固めると、関羽に兵四〇〇〇をあたえて殿《しんがり》としてのこし、みずからは騎兵一〇〇〇を率いて、張飛とともに曹操の軍陣めがけてまっしぐらに斬りこんだ。「平原の劉玄徳」という赤地に白く大書した戦旗を中心におしたてて、劉備軍は縦横無尽に曹操の包囲陣を駆けめぐり、ついに徐州城にたどり着くことができた。

陶謙は半年後の死を予感していたのか、劉備を一目みて、その人品骨柄にすっかりほれこんでしまい、徐州を任《まか》せうる人はこの人物よりほかにはないと考えた。すでに病んでいた陶謙はさっそく徐州牧の印綬を劉備にあたえようとしたが、劉備は聞き入れない。〈私は漢の皇室につらなる者とはいえ、功少なく徳薄く、いまの平原の相ですら過ぎたる任だと思っています。このたびは、義によって救援に参上いたしましただけのことです〉と、固辞して受けなかった。劉備が郯城に入ったのは、興平元(一九四)年の春二月のことであった。

曹操が劉備をなかなかどうしてあなどれぬ男だと意識したのは、このときがはじめてであった。兵糧に窮した曹操は、劉備の和議の申し入れを受けて、包囲陣を解き、兵を撤収した。

❖徐州牧に応じる

徐州牧の印綬を譲ることをあきらめた陶謙は、劉備に四〇〇〇の兵を加え、本拠地の徐州に近い郯城、現在の江蘇省沛県の県城に、劉備の軍を駐留させ、朝廷に願い出て予州刺史《しし》の肩書きをあたえている。劉備はこの機会に陶謙にくみすることになったのである。

ほどなく老齢であった陶謙の病が重くなり、副官の麋竺《びじゅく》を招いて、遺言を伝えた。

「劉備にあらざれば、この州を安んずる能わず」

陶謙が死ぬと、麋竺は州人を率いて劉備に遺言を受けるように要請したが、劉備は辞退して応じようとはしなかった。

このとき、陶謙に重用されていた陳登《ちんとう》は劉備を説得せんがためにこう言った。

「いま、漢の帝室は衰えていくばかりで、天下は混乱に陥っている。いまこそ功業を立てるべきときです。徐州は戸数百万の豊かな土地であります。それがあなたに頭を下げ、州の政治をおまかせしたいと願っているのです」

こう言われても、劉備は承知しない。自分の代わりに、袁術《えんじゅつ》（一五五〜一九五）を推挙して辞退した。それでも陳登は、あきらめずにたたみかけた。

「袁術は驕慢《きょうまん》な男です。かれに天下を安定に導くなどできることではありません。いま、あなたのために、われわれは一〇万の歩兵と騎兵を用意いたす所存です。これで天子をお助けし人民を救って、かの春秋時代の覇者たちに匹敵する偉業を成し遂げていただきたい。お聞きとどけかなわぬときは、この陳登もまた、劉備殿のおいいつけを聴く耳はもちません」

陳登は下邳《かひ》の人で、父の陳珪《ちんけい》は沛国の執政官、叔父の陳球《ちんきゅう》は後漢の大尉、つまり軍務大臣を務めたほどの、この地方きっての名門豪族の出身であった。この陳登が一〇万の支援兵を用意してまで、劉備に徐州を治めてもらいたいというのである。劉備にしても、若者とはいえ、士地の名望家である陳登の願いをむげに拒否することはできなかった。

そこへまた、北海国の執政官で、孔子《こうし》二〇代めの子孫にあたる後漢の名士・孔融《こうゆう》が劉備に勧めた。

「袁術なんぞは、国どころか、自分の家のことしか眼中にない男。墓のなかの白骨にもひとしい役立たずなど、意に介することはない。これは民の声であり、しかも天の声です。天がこの州をあたえようというのに、これを受け取らないで、あとで悔やんでも追いつきませんぞ」

このとき、孔融は黄巾反乱軍に居城を奪われて、北海国執務官の肩書のままで徐州に移っていた。黄巾軍の攻撃を受けていたときに、未知の平原国執務官の劉備が救出に来てくれたのである。劉備も民政と教育の復興に力をそそいでいた孔融の執務官としての評判を聞いて、彼を尊敬していた。

この二人の説得にあって、劉備はついに徐州を陶謙の遺言に従って、譲り受けることになった。徐州牧の劉備の誕生である。このとき、劉備は三四歳。「桃園の義」を結んでから一〇年めにして、ようやく天下取りを意識する群雄の仲間に加わることができるようになったのである。

三　群雄の一角に割り込む

❖曹操と同盟を結ぶ

劉備は徐州を領有したものの、その力はいまだ不安定であった。建安元（一九六）年になると、袁術が徐州に侵攻してきた。これを淮陰《わいいん》あたりで阻《はば》んだが、これだけでは、袁術の進撃を食い止めることはできない。劉備は曹操と同盟した。かつて陶謙にくみして敵対した劉備であるが、曹操は彼をさっそく鎮東将軍、宜城亭侯《ぎじょうていこう》に封じた。このとき曹操は後漢の献帝《けんてい》を許《きょ》に迎え、群雄のだれよりも優勢な立場にたっていた。曹操が劉備をいかに高く買っていたか、これで知ることができるであろう。

劉備が袁術の徐州侵攻対策に追われていたすきに、董卓《とうたく》殺しで一躍天下に名を知られた獰猛《ねいもう》な将軍呂布《りょふ》（?～一九八）を、陶謙の旧臣曹豹《そうひょう》が迎え入れ、下邳《かひ》を守っていた張飛を敗走させた。このとき、虚をつかれた劉備は妻子まで生け捕られ、やむなく呂布の軍門に降《くだ》るが、これも一時の事、家族を取り戻すと、曹操に援軍を求めて、下邳城を包囲して呂布を討ち、これを

曹　操

縊殺《いさつ》している。呂布は殺されるさいに、そばにいた劉備を顎《あご》でしゃくって叫んだ。

「こやつこそ、いちばんの食わせ者だ」

劉備は曹操に従って許《きょ》に帰った。許は曹操の根拠地であった。曹操は彼をいよいよ重用し、自分の弟分として厚く処遇して、後漢の献帝に上奏して左将軍にしている。

ところが、その曹操のもとで、唯々諾々《いいだくだく》として仕えることのできる劉備ではなかった。彼には漢室につらなる血筋としての誇りがあり、衰微しきった漢室を再興しようとする大いなる野心があった。この野心が曹操殺害の謀議に、劉備を荷担《かたん》させたのである。

当時、許に迎えられた献帝はあくまで曹操の思うがままに操られる傀儡《かいらい》にしかすぎなかった。曹操殺害計画の中心人物は献帝の舅《しゅうと》にあたる車騎将軍の董承《とうしょう》であった。ちょうど、そのとき寿《じゅ》春《しゅん》にいた袁術が徐州を通過して、冀《き》州にいる袁紹のもとに麾下の軍隊を率いて移動しようとしたので、曹操は劉備を派遣して、これを迎え撃たせることにした。劉備が出発するさいに、宮中にあいさつに出向いて退出しようとしたとき、董承は恩賜《おんし》の御衣の帯のなかに、曹操を誅殺すべしという密勅《みっちょく》を入れて、劉備に手渡していた。勅命をうけたが、劉備はまだ行動に移さないうちに、曹操に招かれて食事にあずかった。その席で曹操は劉備に向かって言った。

「いま、天下に英雄といえば、御身と私だけだな。袁紹のような連中は、ものの数に入らぬ」

劉備はちょうどものを食べようとしていたが、これを聞いて、不覚にも手にした箸《はし》を取り落としてしまった。『華陽国志』という書物によると、箸を取り落としたとき、たまたま雷がとどろきわたった。劉備はそれにかこつけて、曹操に向かって言った。

「聖人が『突然の雷、激しい風にたいしては、かならず居ずまいを正す』といっておられるが、まことにそのとおりです。私は雷鳴に震えてしまい、とんだ醜態をおみせいたしました」

劉備は隠しきれなかった自分のなかのやましさを、こうしてつくろってみせたのだ。

「迅雷風烈《じんらいふうれつ》、かならず変ず」とは、『論語』郷党篇《きょうとうへん》のなかにみえる孔子のことばで、雷や烈風が起こったさいに、慌てて粗相しないように戒めたことばである。このことばを逆用して、その場をうまく逃れたものの、劉備はその後も董承や長水校尉の秧輯《おうしゅう》、将軍の呉子佩《ごしはい》、王子服《おうじふく》とともに殺害計画を練っている。胡沖《こちゅう》の『呉歴』という書物によると、曹操はかならずしも劉備に全幅の信頼を寄せておらず、むしろ密偵を放って劉備の身辺を探らせていた様子がうかがえて、おもしろい。劉備もこれに気づいて、門を閉ざして関羽や張飛とともにかぶらを植える農作業をして擬装し、曹操の疑惑をかわしたという。

この曹操殺害の密謀は、事前に発覚し、関係者はことごとく捕らえられて処刑された。事件が発覚したとき、劉備は袁術を迎え撃つべく徐州に出立したあとであった。劉備はことなきを得たが、こんどは曹操が怒った。

建安五（二〇〇）年の一月、曹操はみずから兵を率いて、劉備討伐に乗り出した。このとき、劉備は敗れて、青州、いまの山東省に逃れたが、義兄弟の関羽と妻子は捕らえられて許の都に身柄を連行されている。

❖身を屈して天運を待つ

劉備が青州に逃げたのは、青州刺史の袁譚《えんたん》を頼ってのことであった。袁譚は袁紹《えんしょう》（?～二〇二）の長男で、かつて劉備の推挙で官吏候補生にとりたてられた縁故があったので、さっそく父の冀州牧の袁紹と連絡をとり、劉備を袁紹の本拠地、鄴《ぎょう》に送り届けている。こうして一ヵ月もすると、またちりぢりになっていた劉備の逃亡兵がだんだんとあつまってきた。

劉備は袁紹と手を結び、ふたたび曹操と対抗する態勢を整えたのである。

これまでの劉備の行動を見ても分かるように、劉備は後漢末の動乱期に台頭してきた有力な群雄と手を結び、その間を遊泳しながら、身に迫る危機的状況をたくみに切り抜けている。漢室の血筋をひくという金看板だけで、なんの力もなかった劉備としては、こうでもしなければ、群雄の一角に割り込んで、乱世を生きぬくことは、とうていできなかったであろう。

たしかに劉備は、陰謀家の呂布の目からみれば、「いちばんの食わせ者だ」と映ったかもしれないが、目前の利を追うだけの陰謀家と違って、この男はもっと遠いところをみていた。それは、漢室の再興をこのわが手で成し遂げてみせるという大志であった。彼は目前の利害にとらわれて、群雄と手を組んだのではない。一時的に窮地に追い込まれても「身を屈して天運を待つ」という心構えが、劉備にはあった。劉備は待った。劉備は待つことのできる人物であった。

当時、袁紹は中原《ちゅうげん》（黄河中流域の中国文明の中心地）の覇者をかけて曹操と雌雄《しゆう》を決せんものと、大軍を率いて南下し、曹操もまた袁紹の攻撃に備えて、諸将を官渡《かんと》に駐屯させていた。

軍兵、糧食ともに曹操の数倍をこえるといわれた袁紹は一気に曹操をもみつぶすつもりであったが、なんといっても曹操は献帝を擁する立場で、大義名分をにぎっており、これに刃向かえば朝敵の汚名はまぬがれない。そのうえ、実戦の駆け引きにおいては、曹操はおそろしいほど強い。袁紹もあなどってはおれなかった。ちょうどそのときに劉備が袁紹のもとに転がり込んできたのである。

敗軍の将とはいえ、劉備は漢室の末裔である。これまで、陶謙《とうけん》・公孫瓚《こうそんさん》らの群雄がこれを支え、孔融・陳登らの名士が推挙した将軍である。その知名度はすでに天下にとどろいていた。

袁紹は喜んで、これを迎えた。漢室の血筋をひく劉備が味方になったとあれば、それだけでも役に立つ。袁紹は劉備を丁重に扱った。袁紹は輩下の将軍を派遣して、曹操のもとからやって来る劉備を出迎えさせ、みずからも鄴から二〇〇里（約八〇キロメートル）の地点でこれを待ち受けた。

それからひと月あまり、休息をとっていた劉備のもとに四散していた将兵があつまってきたのだ。すでに袁紹は官渡で曹操とにらみ合っていた。そのとき、曹操の本拠地、許に近い汝南県に潜伏していた黄巾軍が曹操に反旗を翻し、袁紹と呼応した。もちろん袁紹のさしがねである。さっそく袁紹は劉備に軍兵を指揮させて、汝南に向かわせ、曹操の本拠地の許の都を背後からおびやかす作戦に出た。

先に曹操に生け捕られたものの、偏《へん》将軍に任ぜられ丁重な待遇をうけていた関羽が、袁紹の部将顔良《がんりょう》を討ち取って曹操に恩義を返し、これまで曹操から贈られてきた手厚い品物を封印してから、まっしぐらに汝南にいた劉備のもとに戻ってきたのは、このときであった。

すでに曹操と袁紹との戦いは、官渡城の攻防をめぐって熾烈《しれつ》をきわめていた。だが汝南から袁紹の軍陣に戻ってきた劉備の心中は複雑であった。袁紹をみるに、名門意識が強く、その誇りとみえばかりが先に立って、有能な幕僚の進言を拒み、当然勝てるはずの戦に負けているようでは、覇者としての器量に欠けると、劉備はみていたのである。できれば、さしさわりのないかたちで、袁紹の戦列から離れたいと考えるようになっていた。

そこで、劉備が荊州《けいしゅう》刺史の劉表《りゅうひょう》（一四二〜二〇八）とふたたび連合して曹操にあたれと袁紹に進言したのは、あわよくば、自分で使者として荊州に乗り込み、そのまま居座るつもりであったからだ。ところが、あてはむこうから外れた。袁紹はふたたび劉備を汝南地方の攪乱《かくらん》作戦に向かわせた。

このとき、すでに袁紹の旗色はよくなかった。汝南で陽動作戦をおこなっていた劉備のもとへ、袁紹の敗報がとどいた。袁紹軍を冀州に追い返した曹操は反転して南下し、劉備をいっせいに攻め立てた。

勝利で勢いづいた曹操軍の襲来を受けて、劉備がかなうはずがない。彼はそのまま荊州の劉表のもとに走った。前もって麋竺と孫乾《そんかん》を使者に立て、身を寄せるあいさつをさせていたので、劉表はみずから居城襄陽《じょうよう》の郊外まで出迎え、上客にたいする礼をもって待遇した。

❖髀肉の嘆

荊州刺史の劉表は、字を景升《けいしょう》といい、山陽郡高平の人。前漢王朝の景帝の子にあたる魯《ろ》の恭《きょう》王《おう》の末裔で、後漢王朝とは同族の間柄であった。そのうえ、儒教の教養がふかく、温順な性格で、風采も堂々としていたので、名流の士として高い評価を受け、朝廷の内外で重きをなしていた。荊州刺史となった劉表は、その地方の豪族の支持をとりつけ、現在の湖北省から湖南省におよぶ一帯を支配下に収め、事実上、行政的にも独立した地方政権を樹立していた。

曹操が華北・華中を手に入れたとなると、このつぎに曹操にねらわれるのは、これまで袁紹と同盟関係にあった劉表であることは、だれの目にもあきらかだった。劉表が荊州刺史となった初平元年（一九〇）からほぼ一七年の間、荊州は華北・華中の戦乱に巻き込まれることなく、太平を保ちつづけてきた。だが、この荊州に火がつくのはもはや時間の問題であった。曹操軍侵攻の脅威を感じた劉表はみずからの軍兵を劉備にあたえ、新野城《しんやじょう》に駐屯《ちゅうとん》させて、曹操に備えた。かたちはともあれ、劉備は同じ漢室につらなる劉表の傭兵《ようへい》隊長になったのである。

黄巾討伐の義勇軍に身を投じて旗揚げしていらい、一六年あまりの間、戦いに明け暮れて、華北から山東半島、山東半島から徐州、徐州から冀州《きしゅう》、さらに河南へと転戦し、荊州まで流れあるいてきた劉備であった。この荊州に来てからの七年の間は平穏無事であったが、大志を抱く者としては、いささか無為な生活を送ってしまった。

こうしたある日のこと、宴席で厠《かわや》に立って出てきた劉備の目に白いものが光るのを劉表は見逃さなかった。どうなされたかと、劉表が尋ねると、劉備は苦笑いしながら答えた。

「我つねに身は鞍《くら》を離れず、髀肉《ひにく》皆消えたり。今また騎《き》せずして髀裏に肉を生ず。日月馳《は》するがごとく老の至らんとするに、功業たたず。ここを以て悲しむのみ」

脾肉《ひにく》とは、内股についた贅肉《ぜいにく》のことである。戦陣のなかを馬上で駆けめぐっている間は、脾肉がなくなっていたのに、この荊州でいたずらに平穏を楽しんでいるうちに、すっかりむだな肉がついているのに気づいて、ハッとしたのである。天下取りの志を果たせぬままに、初老を迎えた者の嘆きであった。

劉備が荊州に落ちのびてきたのは、建安六（二〇一）年のことで、彼は四一歳になっていた。この地にあって、劉備は実力を発揮する機会がないまま、それから七年もの間、「脾肉の嘆《たん》」をかこってばかりいたのであろうか。そうではなかった。

人材の豊富な荊州の地にあって、彼はひそかに、優秀なスタッフを集めることに心を砕いていた。かくして、同じ荊州の地にあって、晴耕雨読の生活を送っていた二七歳の諸葛孔明《しょかつこうめい》（一八一〜二三〇）と出会い、「水魚の交わり」を結ぶようになったのは、劉備が荊州の地に落ちて、六年めのことであった。

四　伏竜孔明を新野城に迎える

❖「三顧の礼」を尽くす

すでに中原の地を掌中に収めた曹操は、天下制覇をめざし、つぎの攻略目標を荊州にすえ、建安一二（二〇七）年、着々と南征の準備を進めていた。

荊州刺史の劉表はまえまえから袁紹と手を結んでいたので、曹操は彼にたいして腹にすえかねていた。おまけに、袁紹のもとで、敵対してきた劉備がころがりこんだところときているので、これを征討する理由は十分だった。

荊州はあきらかに、曹操の脅威にさらされていた。劉備を迎えて、新野城を護らせたのも、その脅威に備えてのことであった。

ところが荊州では、長官の劉表はすでに年老いて病気がちである。烏桓征討に出た曹操のすきをついて、中原の地に打って出て、先勢攻撃をかけてはどうかという劉備の献策を、劉表が拒んだのも、これまで、万事が消極的で事なかれ主義でやって来た彼の優柔不断な態度から出たものであった。

しかも、劉表の長子の劉琦《りゅうき》と二男の劉琮《りゅうそう》とは反目しあっていた。弟の劉琮の母は、荊州地方の豪族蔡氏《さいし》の出身とあって、その支援を背景に、腹ちがいの兄の劉琦を追い落として、跡目相続をねらっていたからである。荊州はまことに不安定な政情にあったのだ。

こんな劉表一族にまかせておいて、曹操の脅威をはたしてはねかえすことができるのか、そうした不安が荊州の人々をとらえていた。そのため当然のように、新野に駐屯する劉備に寄せる荊州人の期待は大きくなり、その挙動はいまや心ある荊州在住の知識人の注目の的となっていた。このことを察知してか、劉表の劉備玄徳にたいする態度は、当初とちがって、しだいに冷たくなっていた。

劉備もこのとき、たしかにあせっていた。いずれ近いうちに荊州に襲い来るであろう危機にどのように対処し、それを乗り越えることができるのか、これまで燃やしつづけてきた漢室再興の大志を生かすには、これからどうしたらよいのか、皆目見当がつかぬというのが実情だった。

たしかに、劉備の周辺には、関羽・張飛・趙雲《ちょううん》（?〜二二九）といった一騎当千の荒武者がそろっていたが、いま劉備が当面している難問をときほぐし、助言をあたえてくれる、知謀にたけた輔弼《ほひつ》の臣が欠けていた。劉備は荊州の野に遺賢《いけん》を求める必要に駆られていた。

このとき、荊州には水鏡先生といわれ、人物鑑識においては定評のある司馬徽《しばき》がいた。劉備が訪問すると、司馬徽は、

「儒者や俗人では、時世に合った仕事はできません。それを知っているのは俊傑《しゅんけつ》だけです。この地方では、伏竜《ふくりょう》と鳳雛《ほうすう》ならいますが、それは諸葛孔明と龐士元《ほうしげん》です」

これは『襄陽記《じょうようき》』の記事によるものであるが、『三国志』蜀書の先主伝では、そうはなっていない。

劉備がかねてから尊重していた徐庶《じょしょ》に、遺賢の存在を尋ねたところ、徐庶は答えた。

「私の友人に諸葛孔明がいます。これは臥龍《がりょう》です。将軍はお会いになりませんか」

「きみの親友なら、きみがいっしょにつれてきてはくれまいか」

「この人物は、将軍のほうから出て行って会うべきで、呼び寄せてはいけません。どうか駕《が》を枉《ま》げて、孔明の家をお訪ねいただきたいのです」

かく答えた徐庶の字《あざな》は元直《げんちょく》。河南省潁川《えいせん》郡の出身で、もとの名は福といった。家は貧しく、若いころは剣術の修業に励み、男だての世界に遊んだ。義侠心から知人の敵《かたき》を討って刑吏に捕らえられるが、仲間に救出されて逃亡。いらい感ずるところがあって、学問にはげんだ。徐庶に学問の醍醐味《だいごみ》を教えたのは、そのころ、潁川郡の儒者で評判の高い司馬徽先生であった。河南で戦いが始まると南方の荊州に難を避け、そこで孔明と親交を結んだ。やがて荊州にやって

雪の中、隆中の諸葛孔明を訪ねる劉備主従

来た劉備の幕僚となり、孔明を推挙したのである。

劉備は徐庶の言を入れて、ただちに孔明を隆中《りゅうちゅう》の草廬《そうろ》に訪ねることにした。隆中は、荊州の都、襄陽からさらに西へ八キロメートルほど入った、樹木の生い茂った緩やかな丘陵地帯にあった。そこに孔明は草廬を結び、晴耕雨読の生活を送っていたのである。

そのとき、劉備は一傭兵隊長とはいえ、いまだ左将軍、宜城帝侯の肩書は消えておらず、千軍万馬の間を駆けめぐってきた将軍としての実力と名声は、つとにこの地方でも知れわたっていた。この劉備が白面《はくめん》の一青年を訪ねたのである。それも「三顧《さんこ》の礼」を尽くしてのことであった。異例中の異例のできごとであった。

後年、「出師《すいし》の表《ひょう》」を書いた孔明が、

「先帝（劉備）は、臣の卑鄙《ひひ》なるを以《と》わず、猥《みだ》りに自ら枉屈《おうくつ》し、臣を草廬《そうろ》の中に三顧し、臣に諮《はか》るに当世の事を以《もっ》てす」

と、語っている。

これらは、野に遺賢を求めることに急であった劉備側の事情によるものであったが、襄陽の知名士の間でたいへん評判の高い孔明が、山東の諸葛氏という名門の出であること、しかも、現にその兄の諸葛瑾は呉に仕え、その族弟の諸葛誕《しょかつたん》は魏に仕えて、赫々《かくかく》たる名声をとどろかせていることを、劉備は十分考慮に入れて、あえて孔明に「三顧の礼」を尽くしたのであろう。

❖「出師の表」にみえる劉備

雪に埋まった隆中の山中を、劉備が関羽・張飛をともなって孔明を訪れたり、孔明が午睡《ごすい》から覚めるまで、その堂下で劉備が待つといった劇的な場面を設定したのは、小説『三国志演義』であるが、「人を知り士を待す」ことに熱心であった劉備の態度は、小説のなかにみごとに表現されているとみるべきであろう。

その劉備の熱意と誠意は、人を感動させずにはおかないものがあった。

「是《これ》に由《よ》りて感激し、遂に先帝に許すに駆《く》馳《ち》を以《もっ》てす」

これが、「出師の表」で、後年孔明がそのおりの感動を回想したことばである。

花田清輝氏は、『随筆三国志』のなかで、孔明を「三顧の礼」で迎えた劉備の態度を、それまでの中国における君臣関係に、コペルニクス的な転回をあたえたものだと評価して、劉備が曹操よりもはるかに新しい考えの持ち主だったとみなしている。

「それは、たぶん、劉備が、曹操にくらべると、無学だったとはいえ、乱世のいかなるものであるかを、骨身にてっして知っていたからであろう。儒教的なイデオロギーによってささえられてきた漢代の世界が、音をたてて崩壊してしまった以上、君臣の関係もまた、あたらしい思想にもとづいて、建てなおさなければならないことはいうまでもないのだ。『君子は重からざれば威あらず。』というが、これからの『賢君』は、君主としての沽券《こけん》など、きれいさっぱり、かなぐりすてて、一人の『賢臣』を得るためには、低頭平身しながら、足を棒にしてあるきまわらなければならないのである」

曹操もまた、乱世の非常時をのりきるために、喉《のど》から手が出るほどに、賢者をほしがっていた。

「ただ才があれば、之を挙《あ》げよ」と、いくたびも、人材推挙のふれをだしている。「短歌行」という曹操の四言詩のなかでも、「樹を繞《めぐ》ること三匝《さんそう》、何《いず》れの枝にか依《よ》る可《べ》けん」とうたい、鳥を賢者に、樹を君主にたとえ、鳥のほうで、止まるべき樹を選んで、いくどとなく樹をめぐっては迷っている姿をとらえているが、劉備という樹は、樹のほうから鳥を選び、三度もその鳥を訪れているのだ。

その点、劉備は、相変わらず、鳥のほうで樹を選ぶのを待っている曹操にくらべて、君臣主従の関係からみるかぎりはるかに新しい思想の持ち主であったことは、たしかであろう。このことを裏を返せば、ことほどさように劉備は、賢者の必要にかられていたのである。

❖「天下三分の計」

三たび訪ねてきた劉備にはじめて顔をみせた孔明は、人払いをして自室で対面した。まず劉備が時勢についてきりだした。衰えた漢の帝室を再興しようと志を立てたものの、事、志とたがい、今日に至ったが、いま、いったいどうしたらよいのか。これにたいして、孔明が説きだしたのが、あの有名な「天下三分の計」であった。

のちに「天下三分の計」と称せられる孔明の戦略構想論の概要はこうである。

魏の曹操と呉の孫権、これが現存する群雄のなかで、最も強力な二大勢力だとみて、この二勢力がいまだ手をつけることができないでいる、中国の西南に位置する荊州と、いまの四川省の益州（巴蜀）の地をまず掌中に収め、天下二分の現況をつき崩して、あらたに天下三分の局面をつくりだし、そののち中原に向かって兵馬を進め、漢室の再興を図《はか》るべしという、恐ろしく冷めた根拠地獲得論が、その機軸をなしていた。

〈いま、一〇〇万の兵を擁し、天下を奉じて天下に号令している曹操は、これとまともに戦って勝てる相手ではない。呉の孫権と手を結び、たがいに助け合いながら、曹操を攻めることが肝要だ。呉をけっして侵すようなことをしてはならぬ〉とも、孔明は語った。

孔明がいうように、荊州牧の劉表、益州牧の劉璋《りゅうしょう》はいずれも漢の帝室の一族でありながら、為政者として凡庸《ぼんよう》で、積極的に政局の安定を図ろうとする姿勢はなく、いたずらに民衆に不安を抱かせてばかりいた。たしかに、荊・益二州の心ある人々は、これに代わるすぐれた為政者の出現を待望していた。孔明はまずこの二人に取って代われと、劉備に説いたのだ。

この荊・益二州の土地を掌中に収めることができれば、「天下三分の計」はひとまず達成できるのである。

劉備が孔明の献策に圧倒されたのは、そこに、きわめて大胆な「天下三分の計」が展開されていたからである。中原の地にのみ焦点を合わせて、天下の形勢と動向をみていた劉備は、眼から鱗《うろこ》が落ちるおもいであったにちがいない。

このとき、劉備には、自分よりもほぼ二〇歳も年少の青年の存在が、途方もなく大きく感じられた。いままで、一度もめぐりあうことがなかった、したたかな人間の存在感が、底知れぬ知性の魔力ともいうべきものに、劉備は魅せられ、吸収されていた。

劉備はぜひとも孔明をわが師と仰ぎ、わが幕中に軍師として迎えたいと切望した。

孔明は孔明で、野に遺賢を求める劉備の熱い誠意に、しかも一介の白面の青年が説く「天下三分の計」に、謙虚に耳を傾け、率直に反応をしめした劉備の柔軟な心の動きに、そのふところの深さをみてとり、劉備にみずからの可能性をかけてみたくなったのである。

かくして劉備は、孔明を新野城に迎えることができた。それからというものは、孔明と食するときは、卓をともにし、寝るときも床を同じくして、昼夜天下のことを論じ、日増しに親密の度を加えていった。

義兄弟の関羽・張飛はおもしろくなかった。

それを知って劉備は二人にいった。

「孤《われ》の孔明あるは、なお魚の水あるがごとし。願わくば諸君よ、また言うなかれ」

関羽

張飛

これが、劉備と孔明の「水魚の交わり」の始まりであった。しかも、この交わりは、劉備が白帝城《はくていじょう》で非運の死を遂げるまで、ついぞ変わることはなかった。

五　孫権に救いを求める

❖情義に厚い劉備

建安一三（二〇八）年の六月、漢の丞相《じょうしょう》に任じられて、後漢王朝の全権を握った曹操は、七月に入ると、みずから全軍の指揮をとり、荊州攻略に向けて、進発した。

そのころ、荊州では、長官劉表は危篤《きとく》の状態にあった。江夏《こうか》太守となっていた長男の劉琦は急ぎ襄陽に帰り、父を見舞おうとしたが、弟の劉琮を跡継ぎにしようと謀っていた側近グループに阻まれ、対面さえはたされずに、追い返された。

八月、劉表が死ぬと劉琮がその跡目《あとめ》を襲い、荊州刺史となった。ところが、この劉琮は器量においては父よりもさらにおとっていたので、曹操の南征軍に対応して、みずからの知謀と胆力で荊州を守りきるだけの決断に欠けていた。しかも、父の時代からの有力な謀臣たちは、こぞって漢の丞相の位にある曹操を敵に回すことにでもなれば、朝敵といわれ、名分上よろしくないという判断にたっていた。よしんば抗戦したところで、曹操の大軍を向こうに回してとうていよう勝ち目はない。降伏するのが得策だと、劉琮に勧めた。

このとき、劉備は新野城から移って樊《はん》城に駐屯していた。荊州の都襄陽《じょうよう》からは、漢水を挟んで、つい目と鼻の先にある北岸の出城であった。劉琮からは、降伏については、なんの相談も知らせもなかった。

孔衍《こうえん》の『漢魏春秋』によると、荊州軍が曹操に全面降伏するらしいということに気づいた劉備は、身近な者をやって、劉琮に尋ねさせたところ、劉琮は側近の宋忠《そうちゅう》なる者を劉備のもとへやり、降伏の趣旨を説明させた。ところが、このときすでに、曹操の南征軍は河南省南陽県の宛《えん》、いまの南陽市まで来ているという。驚いた劉備は宋忠に向かってどなりつけた。

「おまえたちのやることは、こんなものか。早くから相談もなく、いま禍いが目前に差し迫ってから、はじめてこのわしに知らせるとは、あまりにもひどいではないか」

劉備はこういいながら、しだいに怒りがつのってきた。刀を引き寄せ、宋忠につきつけた。しかし、劉備は、

「いま、おまえの首をたたき切ったとて、この怒りを解くことはできぬ。それに大丈夫たるものが、別離に臨んで、おまえたちのような腰ぬけどもを殺したとあれば、それこそ恥だ」

といって、宋忠を去らせたという。

劉備は自分の軍勢を率いて、南の江陵に向けて撤退することにした。江陵には、荊州軍の大

量な軍需物資が蓄えられていた。

漢水を渡り、襄陽城外に着いたとき、孔明は、このまま城に攻め入り、荊州を手に入れてはと進言したが、劉備はかぶりを振った。

「それでは、劉表殿に申し訳がたたぬ」

劉備は六年前、曹操に敗れて、尾羽《おばね》打ちからして荊州に落ち延びてきたときに、劉表から受けた恩義をなお忘れないで、義理固く筋を通したのである。

そればかりではない。劉備は襄陽の城門の下で、馬を止めて呼ばわった。

「劉琮殿に一言お別れしたい」

しかし、劉琮は恐れをなして、姿をみせなかった。

劉備はそこから劉表の墓に立ち寄り、涙ながらに別れを告げて、南下した。このあたりに、情義に厚い劉備の人柄がよく出ている。

このような劉備の人徳を慕い、劉琮を見限った荊州の人々は、陸続と劉備のあとを追って来た。当陽に着いたころには、その数は一〇余万、それに数千台の荷物がつき従い、いくら急いでも、日に五、六キロメートルしか進めない状態となっていた。

そこで、劉備は関羽に命じて数百艘《そう》の舟を集めて、それに人々を分乗させて、江陵で落ち合うことにした。

部下の間から不平の声があがった。

「すみやかに進んで江陵を確保すべきです。武装兵はわずかなのに、いまこれだけ大勢の人々を抱えていては、もし曹操の軍隊に襲われたならば、どうなさるおつもりか」

劉備はこれをしかりつけた。

「なにをいうか。大業を果たすには、なによりも人民がだいじだ。これだけわしを慕ってくれる人々を、むざむざと見捨ててはおけぬ」

ここで、劉備はあっぱれ治者の器量をみせたのである。

三国時代が終わって、一〇〇年ほどたった東晋の時期に、習鑿歯《しゅうさくし》という史家が『漢晋春秋』を書いている。この史書は、蜀漢を正統な王朝とみなして、三国時代の歴史記述を進めたものであるから、劉備に肩入れしすぎたきらいなしとしないが、荊州撤退時にみせた劉備の器量を評して、つぎのようにいっている。

「劉備は顚倒《てんとう》して難儀な目に遭っても、信義をますます明らかにし、状況が逼迫《ひっぱく》し、危険な事態になっても、道理にはずれぬ発言をした。彼が劉表の恩顧を追慕すれば、その心情は三軍を感動させ、その道義にひかれる人々に慕われれば、その人々と甘んじて運命をともにした。劉備が人々の心に結びついた経過を観察すれば、いったい、どぶろくをあたえて凍えている者を慰め、にがい蓼《たで》を口に含んで、民の病気を見舞ったあの越王勾践《こうせん》どころではないのだ。劉備

劉禅と甘夫人を救出する趙雲

が覇者を成し遂げたのも当然であった」

かかる評価はいくぶん割り引いて考える必要はあるにしても、劉備が情義に厚い人物で、そのことが、彼の覇業達成と結びついていったと、習鑿歯がみたのはたしかであろう。

❖「方寸の乱れ」

もとより、曹操は江陵を劉備に占拠されるのを、なによりもおそれていたので、輜重《しちょう》部隊を後方にのこして、精鋭の騎兵五〇〇〇を引きつれて猛追。一昼夜で三〇〇余里の行程を駆けぬけたが、当陽の長板橋《ちょうはんきょう》の戦いで、張飛がしんがりを務めて奮起した。おかげで、劉備はやっと虎口を脱したものの、妻子も見捨て、孔明ら一〇騎とともに逃げ出すのが、精いっぱい。惨憺《さんたん》たる敗北だった。

そのため、劉備の雄将趙雲は乱戦のなかを単騎取って返し、まだ襁褓《きょうほう》にくるまれていた劉備の子の劉禅《りゅうぜん》とその生母甘《かん》夫人を救出した。

このとき、劉備に趙雲が曹操に投降したと注進する者がいたが、劉備はもっていた手槍を、その男に投げつけて、どなった。

「なにをいうか。趙雲がわしを裏切るはずはないわ」

劉備についてきていた無数の民衆も、曹操軍の捕虜となり、膨大な荷駄《にだ》は捕獲された。そのなかに、孔明の友人で、劉備の幕僚となっていた徐庶《じょしょ》の母親もいた。人質になっているという知らせを受けた徐庶は、母親を救わんがために、曹操に投降することにした。

徐庶は涙ながらに、劉備に別れを告げ、自分をさしていった。

「もと、将軍とともに王覇の業を図らんと欲せしは、この方寸の地を以てなり。いますでに老母を失い、方寸《ほうすん》乱れては、事に益なし。請う、これより別れん」

方寸の地とは、一寸四方《いっすんしほう》の場所で、胸のなかの一寸四方の場所にあたると考えられた心臓のこと。「方寸乱れたり」とは、これで、わたしの心は千々《ちぢ》に乱れてしまいましたという意味である。

劉備も、そして友人の孔明も、この徐庶の「方寸の乱れ」をおしとどめることはできず、やむなく惜別した。

こうして、江陵へ落ち延びることをあきらめた劉備は、道を東にとって夏口《かこう》に向かった。夏

魯粛に伴われて呉の孫権のもとに向かう孔明

口は、現在の武漢《ぶかん》市である。

途中、漢水の渡し場で、おりよく流れ下ってきた関羽の船団に乗りこみ、さらに一万余騎を引きつれて、江夏から救援にかけつけてきた劉琦と合流した。夏口に着いた劉備は、とりあえず、この地に本営を設け、敗残の将兵を収容したが、その前途はまことに暗澹《あんたん》たるものであった。

そこに現れて救いの手をさしのべたのが、呉の孫権《そんけん》の腹心、魯粛《ろしゅく》である。劉表の死を知った孫権が魯粛を荊州に遣わして、弔問を兼ねて、その後、荊州の動向を視察させていたのである。

魯粛は劉備に今後の身の振り方を尋ねた。劉備はこれより南下し、旧知の蒼梧《そうご》の太守呉巨《ごきょ》を頼って、そこに身を寄せるつもりだと語った。蒼梧は、いま広西壮族自治区に属する蒼梧県で、異民族の住む辺境の地である。しかも旧知とはいえ、はたして呉巨が流浪に流浪を重ねる敗将劉備を受け入れてくれるかどうか、一抹《いちまつ》の不安があった。劉備はよほど困っていたのであろう。その不安と困惑を隠しきれずにいる劉備の率直な人柄に、魯粛は好感を抱いた。

彼は劉備に、主人の孫権の人物と力量を説いて、呉に来《きた》って、孫権を頼るように熱心に勧めた。

劉備の心は動いた。しかし、渡りに船とはいえ、こうもうまくいくものかと考えると、いまだ彼は、魯粛にそのまま従うことに決しかねていた。その劉備に向かって、孔明はいった。

「事は急なり。請う、命を奉じて、救いを孫将軍に求めん」

孫権はこのとき、柴桑《さいそう》、現在の江西省九江県にいて、荊州の情勢をうかがっていた。孔明は魯粛とともに、長江を下って、孫権のもとに急いだ。

諸葛孔明はみごとに使命を果たした。孔明の熱弁に孫権は心を動かされ、さらに呉の知将周瑜《しゅうゆ》と魯粛の進言もあって、劉備と手を結び、長江を攻め下る曹操の大軍を迎え撃つことにした。

❖赤壁の戦い

孫権の命により周瑜は兵三万を率いて出陣し、樊口《はんこう》で劉備軍と合流すると、かねてからの打ち合わせどおりに積極的な作戦に出て、長江を遡行《そこう》した。一方、曹操軍は二〇数万の兵を軍船に乗せて長江を一気に下り、両軍は赤壁で遭遇した。これが有名な赤壁の戦いである。この戦いで、周瑜はたまたま吹きつのってきた東南の風を利して、おびただしい曹操の軍船を焼き払い、壊滅的な打撃をあたえた。

劉備と周瑜は、水陸並行して、華容《かよう》街道をけんめいに敗走する曹操を追撃した。やっとの思いで江陵にたどりついた曹操は、そこを曹仁《そうじん》と徐晃《じょこう》に守らせ、みずからは撤退して、鄴《ぎょう》の都に引き揚げた。これで、事実上、彼の天下制覇の野望は打ち砕かれたのである。

周瑜は赤壁の戦いの余勢をかって、魏の曹仁らを追い払って、江陵を占拠した。劉備は周瑜とともに江陵に入ったが、そこは周瑜に譲り、そこからさらに南下して公安《こうあん》に移った。劉備はそこで、はじめて荊州における自分の根拠地をもつことができたのである。

このときも、劉備は劉表の子供である劉琦を立てて、荊州刺史となし、みずからは兵を率いて荊州の南部、現在の湖南省一帯の地方を掌中に収めていく。自分は一歩退いて、さきに元荊州刺史劉表の名分をたてていく劉備の周到な工作は図にあたった。

武陵《ぶりょう》太守の金旋《きんせん》、長沙《ちょうさ》太守の韓玄《かんげん》、桂陽《けいよう》太守の張藩《ちょうはん》、零陵《れいりょう》太守の劉度《りゅうたく》はいずれも劉備に降り、呉の領内からも、廬江地方の大豪族雷緒《らいちょ》が数万の私兵を率いて臣従した。

建安一四（二〇九）年、劉琦が病死したので、劉備は群臣におされて荊州牧となり、州都を公安におくことにした。

長江以南の四郡を自分の勢力下においた劉備は、孔明を軍師中郎将、参謀長兼任の師団司令に任じ、関羽を名義上の襄陽の太守、張飛を宜都《ぎと》の太守、趙雲を桂陽の太守に任じた。とりわけ孔明には、零陵・桂陽・長沙三郡の統治をおこなわせ、そこからあがってくる租税で、軍備の充実を図ることにした。

こうなると、孫権にとって劉備は油断のならぬ存在となってきた。劉備を討って、荊州の全域をわが手に収めたい気持ちはやまやまだったが、現実には、曹操軍の再来に備え、周瑜が江陵で襄陽の曹操軍と対峙していなければならぬ状況では、劉備をいまおさえこむことは得策でないという判断がさきに立った。

❖梟雄の相

孫権は劉備を手なずけるために、政略結婚を迫った。当時、劉備は甘《かん》夫人を亡くしたばかりであった。孫権はそこに目をつけ、懐柔策にでたのである。

劉備はこれを受けた。新夫人は孫権の妹である。

この妹、才気煥発《かんぱつ》で、しかも相当なじゃじゃ馬であったとみえ、彼女について、『三国志』蜀書の法生伝には、「才気走って気性の激しいことでは、兄たちに似ていた。一〇〇人からいる侍女全員が薙刀《なぎなた》をもって、ずらりとひかえている。劉備は、彼女の部屋に入るたびに、心底から恐怖に駆られた」という記事をのこしている。
劉備は当時孫権の居城があった京口《けいこう》におもむき、孫権とはじめて対面した。もとより婚儀をおこない、新夫人をともなって帰ることが、当面の目的であった。
はじめ、孔明は反対した。劉備が京口城に入ると、江陵に駐屯する南郡太守の周瑜から孫権に、この機会に劉備を骨ぬきにせよという意見書がとどけられていた。それには、こうあった。

劉備には梟雄《きょうゆう》の相があります。しかも、関羽・張飛といった熊や虎のごとき猛将が付き従っています。いつまでも人の風下にあまんじて仕える男ではありません。わたくしめに妙案がございます。劉備をこのまま呉にひきとめておき、彼のために豪勢な宮殿を築いて住まわせ、たくさんの美女をあてがい、遊興にふけらせて、骨ぬきにしてしまうのです。そうしておいて、関羽と張飛の二人を仲たがいさせるのです。わたくしめが、けんかをするようにしむけましょう。そうすれば、覇業はかならず達成できます。いま、わが君は劉備に領地を分けあたえ、この三人を同じ土地に集めておいておられる。これは危険です。蛟竜《こうりょう》が雲雨を得たならば、いつまでも地中に潜んではいませんぞ。

梟雄の相とは、母親さえ食べてしまう猛禽《もうきん》にみられるような残忍な人相のこと。この相をもつ劉備はただ者でないと、周瑜はみて、いまのうちにしまつをつけるように献策したのである。だが、孫権はふみきれなかった。北方の曹操の脅威を封じこめるためには、劉備と手を組む必要があったし、そのための婚儀であるという考え方にかわりはなかったからである。

劉備は劉備で、曹操に荊州を追われて、落ち着くあてさえなかった自分に、同盟の手をさしのべ、今日こうして荊州牧にまでなれたのは孫権あってのことであり、その彼にたいしては、こちらから出向いて礼を尽くすのが当然だとする、いかにも劉備らしい実直な思いがあって、あえて孔明の反対をおしきってまでして、孫権のもとに出かけたのである。

二人は京口城で会見し、きわめて密接な間柄となった。もとより劉備は孫夫人をともない、無事に公安に戻ってきた。

このとき劉備が孫権の妹と婚儀を結ぶために、長江を下ったという情報はいちはやく魏につたわっていた。魏の知将程昱《ていいく》はそのなりゆきを予測してこういった。

「孫権はかならずや劉備を殺すことはしないであろう。孫権は謀《はかりごと》のできる人物だが、独力で曹操将軍にあたることはできない。彼みずからがそれをよく知っているはずだ。ことに劉備は聡明である。関羽・張飛となれば、一万の兵に相当する豪勇だ。だとすれば、孫権はこれを利用してわれらの魏を防ぐ方策に出るであろう」

程昱のみとおしたとおりであった。

「窮鳥懐《きゅうちょうふところ》に入る。猟者もこれを射ず」という名言が中国にあるが、孫権には河北と荊州に曹操という大敵がひかえていては、やはりあくまで劉備と結び、曹操という大敵にあたるのが得策とする魯粛の説に従わざるを得なかったのだ。

事実上、荊州の南部地帯を領有し、孫権によって荊州牧の肩書を認められた劉備は、呉と提携して曹氏を討つべく、中原の地に駒を進める大方針がたったのである。言い換えるならば、このときはじめて、劉備は、孔明が構想した「天下三分の計」の第一歩を踏み出すことができたのである。

漢室の末裔という、いささか怪しげな金看板のほかに、なんの力も背景もなかったが、どんな危機的状況に立たされても、それに耐えたばかりか、そんなときにこそ、人を信じることの厚い実直さと他を顧みることのできる寛容さを失うことのなかったこの男は、やはり天性として、乱世の覇者たる資格を備えていたかに思われる。

なるほど、身を捨ててこそ浮かぶ瀬もあれ、ということばは、この男のためにあったのかとおもわれるほどに、劉備は、しばしば身を屈することがあっても、不思議と天運に恵まれていた。たしかに逆境を処すれば、危機がこの男を大きくし、この男に天運をもたらしたのである。

六　天下三分の形勢を切り開く

❖殷観の説に従う

諸葛孔明が劉備に献策した「天下三分の計」は、荊州の地を手に入れたのちに、巴蜀《はしょく》の地とよばれていた益州、いまの四川省をも取りこみ、中原の地の支配者曹操、豊かな沃野江南の地に盤踞《ばんきょ》する孫権と対峙して、天下三分の状況をつくることが、第一の条件であった。

どうやら劉備は、その荊州の南部地帯を領有することができたが、まだ荊州の北部の襄陽には、魏の軍事拠点があり、長江沿いの江陵には、呉の周瑜がこれを守っているというありさまであった。

周瑜は、孫権の知恵袋で、しかも勇猛果敢な将軍らしく、孫権に巴蜀攻略の献策に熱心であった。そのころ漢中地方による五斗米道《ごとべいどう》教国の盟主張魯《ちょうろ》（?〜二一六）が巴蜀をおびやかし、それに手をやいている益州の長官劉璋の凡庸な政治のやり方をみて、つけいるすきありと、周瑜はふんでいたからである。ところが、この献策をおこなったばかりの周瑜は建安一五（二一

○）年に病に倒れ、三六歳で、その若き生涯を閉じた。

孫権は周瑜の遺志を受けて、劉備のもとに使者を遣わして、益州を取ろうと申し出た。これを知った荊州主簿《しゅぼ》の殷観《いんかん》は主人の劉備にむかって、こう進言した。

「もしも呉の先駆けとなり、進んでは蜀に勝つこともできず、退いては呉につけこまれるようにでもなれば、たちまち好機は去ってしまいます。いまはただ孫権のいうとおりに、いちおう呉の蜀討伐に賛成しておいて、われわれは新たに荊州の諸郡を支配したばかりであるから、まだ行動を起こすことはできぬと説明なさいませ。呉は、それでもなお、わが領土を越えて、かってに蜀を奪い取ることはしないに違いありません。このように進退をお計りになれば、呉と蜀の両方から利益を収めることができましょう」

劉備がこの殷観の説に従ったところ、孫権ははたして蜀進撃を中止した。

益州とよばれている巴蜀の地は、孫権がほしがっただけのことはある、きわめて魅力に富む土地柄であった。四周に峻険《しゅんけん》な山岳をめぐらし、南東に三峡《さんきょう》の険を抱えた長江をひかえ、守るに易く攻めるに難く、しかも中国の経済を支配するといわれた塩と鉄と錦に恵まれ、沃野千里にわたる「天府の国」であった。

この巴蜀の天地が、劉備の掌中に収められるまたとない機会がおとずれてきた。それも、向こうからやってきたのだ。

そのきっかけをつくったのは、ほかならぬ曹操であった。赤壁の敗北から立ち直った彼は、漢中（陝西《せんせい》省西南部）の地方に五斗米道教国をつくって、あなどりがたい勢力を張っていた張魯を討伐するために、漢中に兵を向けた。司隷校尉《しれいこうい》の鍾繇《しょうよう》と征西護軍の夏侯淵《かこうえん》に命じて、北方の関中《かんちゅう》（陝西省北部）から南下させる作戦に出た。建安一六（二一一）年のことである。

曹操が、張魯平定の征討軍をさしむけてきたという情報が、いちはやく益州の地にもたらされると、当時、この地方を支配していた益州牧の劉璋《りゅうしょう》は、漢中のつぎには、巴蜀がねらわれると恐れ、かつ動揺した。

話はさかのぼるが、「益州の分野に天子の気有り」という予言が流行したことがある。この予言に動かされて漢室の一族であった劉焉《りゅうえん》はみずから益州牧となって赴任することを、後漢の朝廷に願い出た。劉焉は巴蜀の地を揺るがせていた黄巾軍の鎮圧に成功し、土着の豪族をおさえて、領内の秩序を安定させることができたが、巴蜀とは、目と鼻の先にある漢中に、黄巾の流れをくむ張魯の五斗米道教国があっては、おだやかではない。そこで劉焉は張魯に督義司馬《とくぎしば》の官職をあたえている。その懐柔策はいちおうの成果をあげた。

劉焉が死ぬと、その子の劉璋が父の跡目を襲って、益州牧となって君臨したが、もともと凡庸で覇気にとぼしく、父ほどの権威も器量もなかった。張魯がそのことを見逃すはずはなかった。劉璋にたいしてあからさまに反抗的な態度をとり始めた。

曹操がその張魯を討つというので。張魯にさえ手が出せないでいる劉璋にとって、これをひとのみにしようとしている曹操の漢中進出は耐えがたいほどの脅威であった。

❖累卵の危有り

劉璋の不安の色をみてとった、益州の巡察官の張松《ちょうしょう》は劉璋に向かって、曹操の軍事力に対抗するためには、荊州牧の劉備を迎え入れて、その力を借りるがよい、と進言した。

「劉備は、閣下とは同じ劉氏で一族の間柄ですし、そのうえ曹操の仇敵で、用兵にもたけています。彼を使って張魯を討伐させれば、かならず破ってみせるでしょう。張魯さえ倒すことができれば、この益州は盤石です。曹操が攻めてきたところで、びくともするものではありません」

こうした張松の意見に反対する者に黄権《こうけん》がいた。彼は地元の巴西《はせい》郡閬中《ろうちゅう》県の出身者で、劉璋にみこまれて事務次官の職にあった。かれは張松に強く反発して、劉璋をいさめた。

「左将軍の劉備といえば、武勇の誉れ高い男です。いま、彼を蜀に招くとしても、配下の武将なみにあつかったのでは、とうてい満足いたしますまい。どうしても賓客《ひんきゃく》として待遇するほかありませんが、そうなると、一国に二君が出現する状態になり、それはできないことです。もし客に泰山《たいざん》のようにどっしりと腰をすえられれば、主人の立場は積み重ねた卵同然、いつ崩

城門に我が身を吊して劉璋を諫める王累

れるやもしれません。やはり国境を閉ざし、漢中の嵐が静まるまで待つことこそが、最良の策かと存じます」

これは、『三国志』蜀書の黄権伝によるものだが、一国に二君が出現する状態をさして、「累卵《るいらん》の危《き》有り」といっている。なかなか味のある表現である。

自力で蜀を守りきる自信のない劉璋は、黄権を広漢県の知事に左遷してしまった。「張魯が仇をなすは、これ疥癬《かいせん》の病。成徳（劉備）を引き入るるは、これ心服の患いなり」といって、劉璋をいさめたが、無視されてしまった。従事官の王累《おうるい》は、尋常な手段では、とうてい阻止できないとみて、官都の城門から、われとわが身を逆さづりにしてふたたび諫止《かんし》の挙におよんだ。それでも、劉璋は動かなかった。

劉璋は張松の策を取りあげた。さっそく部下の法生《ほうせい》を劉備への使節として立て、兵四〇〇〇を授け、劉備を荊州まで迎えに行かせた。

じつは、使節に法生を推挙したのは張松で、この二人の間には、主人の劉璋を見限り、劉備を益州の盟主として担ぎだす計画ができあがっていた。それが巧妙に実現されたまでのことであった。

法生は筋書きどおり、張松と打ち合わせずみの計画を劉備に打ち明けた。

「将軍の英才をもってすれば、臆病神《おくびょうがみ》にとりつかれた劉璋のすきにつけこむことなぞ、造作もありません。しかも、劉璋の股肱《ここう》の臣である張松が、いつでも内応する手はずです。成功の暁には、豊かな物産に恵まれ、天然の要害によることができます。大業の達成はたなごころを返すようなものでございます」

これこそ、劉備にとっては、「天下三分の計」を実現する絶好の機会が、向こうからころがりこんできたようなものであった。

それでもなお、劉備は蜀に兵を率いて入ることをためらっていた。その理由は、入蜀の野望をもっていた孫権の出鼻をくじいておいて、劉璋から招かれたからといって、孫権を無視して蜀に入るのは、信義にもとると考えていたし、さらには、蜀主劉璋が好意をもって劉備を迎えようとしているのに、彼の預かり知らぬところで、劉備がいずれは蜀主の地位に取って代わる謀略が実行に移されているのは、なにぶんにも節義を汚すことになると考えていたからである。ここでも、劉備は情義の人であった。

❖龐統の説得

この劉備のためらいをはね返したのは、そのとき孔明とともに、軍師中郎将の地位にあった龐統《ほうとう》（一七九〜二一四）である。

「いまやこの荊州の地は、戦火に荒れはて、人材も物資も底をつくありさまです。しかも、東には孫権、北には曹操が勢力を張っております。ここを根拠地にして三国鼎立《ていりつ》を実現するのはむりな状況かと思われます。それにひきかえ、蜀の地は経済力に富み、民生も安定して、人口も百万を超えております。それに軍備も充実して、必要なものはすべて備わっており、物資にしても他国から輸入の必要は、まったくありません。漢室復興の大業を立てるには、ここはぜひとも蜀を借り受けるべきです」

龐統はさらに続けた。

「臨機応変に事を運ぶべき時だというのに、固定した倫理的なお考えでは、天下を平定することは、おぼつかないでしょう。古代の覇者は弱きものを併呑し、愚かなものを攻撃して、覇者として達成しました。非常手段で奪い、道にのっとってそれを守り、義をもって報いたのです。天下を平定したのちに、劉璋を大国に封ずれば、なんら信義にもとるところはありません。いま蜀を取らねば、みすみす他者に漁夫の利を占められてしまいましょう」

かつて、人物鑑定眼では荊州随一といわれた司馬徽《しばき》が劉備にこたえ、それとともに「臥龍《がりょう》・鳳雛《ほうすう》有り」と語って、諸葛孔明を臥龍にたとえ、鳳《おおとり》の雛《ひな》にたとえたのが、龐統、その字は士元《しげん》であった。青年期の彼は朴訥《ぼくとつ》であったので、その才能を見抜くものはいなかったが、司馬徽の評価を受けて、世間で知られるようになり、呉の周瑜に召されて、その幕下にあった。周瑜の死後、呉を離れてから後に、劉備に仕え、孔明とともに軍師中郎将の職に就いていたのである。

この龐統に説得されて、劉備はようやく重い腰をあげた。

劉備は龐統を参謀長として、数万の兵を率いて蜀に入った。荊州には、孔明・関羽・張飛・趙雲をとどめて、地固めにあてた。時に建安一六年の冬のことであった。

劉備軍が四川省涪《ばい》の県城に到着すると、劉璋みずから三万の兵を率いて、親しくこれを迎えた。劉璋は劉備を大司馬に兼ねて司隷校尉《しれいこうい》に推挙し、それにこたえて劉備は劉璋を鎮西大将軍に兼ねて益州牧に推挙した。劉璋は漢中の張魯を攻撃させるために劉備の兵力を増強してやったので、劉備の蜀での兵力は三万余人となり、それに戦車などの戦具と武器資材を豊富にもつことになった。これが、劉璋にとって裏目にでた。

劉備は北方の葭萌城《かほうじょう》に入ると、すぐには張魯を討伐しようとせず、厚く恩恵をほどこして人心の収攬《しゅうらん》を図った。そうしておいて、劉璋を討つ機会をうかがっていたのである。

明年、建安一七（二一七）年に、劉璋を討つ絶好の機会がやって来た。結果的には、このときも、曹操がきっかけをつくることになった。この年、孫権は秣陵、現在の南京に石頭城を築《きず》き、そこを呉の都として、名を建業《けんぎょう》と改めた。これを知った曹操が、孫権に向けて兵を起こしたのである。その兵力は四〇万、かつてない大軍である。危機迫ると感じた孫権は、赤壁の戦い以来の同盟勢力であった劉備に援軍を求めた。これが劉備に劉璋の居城成都《せいと》に向けて兵を発進させる口実となった。

劉備は呉の援軍依頼に応じて、いったん張魯征討を中止して、荊州へ帰ることになったが、そのさい、成都の方向に向かって南下するというのが、その口実であった。

おまけに、劉備は劉璋に一万人の兵士と軍需物資を借り受けたいと申し出たが、劉璋はただ四〇〇〇の兵の提供を承知しただけで、そのほかの要求はその半分しかあたえなかった。

張魯征討のために蜀によび入れたはずの劉備だが、その役割にたいしてあまり熱心でないうえに、虫のよいことばかり申し出る劉備の行動と真意がいったいどこにあるのか、劉璋ははかりかねていたからである。

これにたいして、劉備は配下の兵にけしかけて激怒させた。

「わしは荊州のために強敵を討ち、兵士は疲労しきって、落ち着いた生活をする余裕すらないのだ。劉璋の金蔵には、うなるほどの財宝を積みながら、褒賞《ほうしょう》を惜しんでいる。これでは、死力をつくして戦うことを望んでも、できることではない」

このあたりの劉備はなかなかの策士である。

ところで、ほんとうに劉備が孫権の救援に出向いては、蜀乗っ取り計画が水泡に帰してしまうと心配した張松は、成都から劉備とそのもとにいた法生にむけて、東帰を思いとどまるように書状をしたためた。この書状の内容を知った張松の兄は、事の重大さに驚いて劉璋に通報した。劉璋は張松を斬った。これですべては露見した。

劉備は機を移さず葭萌を出撃すると、まっ先に涪城を占領した。これを迎え撃つ劉璋の軍は、長い太平に慣れて、無策であった。劉備軍の急襲を受けて、総崩れとなった。

ただ梓潼《しとう》の城を守っていた長官の王連《おうれん》、字は文儀《ぶんぎ》だけは、その城門を固く閉ざして立てこもり、どこまでも劉備に抵抗する構えをみせた。劉璋麾下《きか》の諸将はほとんどが無気力で、つぎからつぎに白旗を掲げて投降してくるなかにあって、梓潼城の責任者としての意地をみせ、城内の住民の生命と財産を守らんがために、頑強に劉備にあらがう王連の姿は際立っていた。王連の必死の気迫を感じとった劉備は、敵ながらあっぱれとみて、梓潼城を素通りした。

劉璋の子劉循《りゅうじゅん》も、四川省広漢県に位置する雒城《らくじょう》を守って、年を越えても屈しなかった。この雒城のはげしい攻防戦のさなかに、劉備軍の軍師として采配をふるっていた龐統《ほうとう》が流れ矢にあたって戦死した。三六歳の働き盛りであった。

❖寛仁にして度有り

これよりさきに、劉備が涪城を攻め落としたときのこと。幸先よしとみて、劉備は祝宴を開いて将士をねぎらった。その席上、傍らにいた龐統にむかって劉備はいった。

「なんと今日の宴は楽しいことよ」

ところが、龐統はこれにたいしてすげなくきり返した。

「人の国を討っておいて楽しいというのであれば、仁者の兵とはいえますまい」

劉備は予期せぬ答えに興ざめした。そのときばかりは、龐統の存在をうとましくさえ思った。劉備は酔っていたので腹が立ってきた。

「周の武王は紂《ちゅう》を討ったとき、歌い舞う者がいたが、仁者の戦いではなかったのか。おまえのことばは的外れだぞ。すぐさま、出ていけ」

このため龐統は後ずさりして出て行った。劉備はすぐ後悔した。龐統に戻ってくるように頼んだ。席に戻りはしたが、龐統は陳謝せず、平然として飲み食いをつづけた。

劉備は龐統にむかっていった。

「先ほどの議論では、だれがまちがっていたのかね」

龐統は答えた。

「君臣ともにまちがっておりました」

劉備は大笑いして、はじめと同じように酒宴を楽しんだ。

その龐統が戦死したのだ。龐統を失った劉備は恥じた。本音を吐いてはばかることのなかったかけがえのない下臣を失って、劉備は慟哭《どうこく》した。

このときの劉備と龐統とのやりとりについて、『三国志』の注を入れた裴松之《はいしょうし》（三七二〜四五一）の歴史家としての意見はこう記している。

劉璋を襲撃するという計画と策略は、龐統が立案したものである。しかし道義に背いて功業を成就したもので、それは本来ならば邪道である。龐統が内心では気がとがめていたとすれば、喜びの情はおのずとしぼむものである。そのための「楽しい」という発言を聞いて、思わずことばが口をついてでたのである。劉備の酒盛りは時宜《じぎ》を失していた。その行為は災禍を楽しむ態度とひとしい。それなのにみずからを周の武王になぞらえて少しも恥じる様子がなかった。これは、劉備のほうに非があって、龐統が「君臣ともにまちがっておりました」といったのは、おそらく、非難を分担しようとした発言であろう。

この裴松之の意見は、『三国志』蜀書の龐統伝の注にみえるものであるが、なかなかうがっ

劉璋に開門を迫る劉備の将・馬超

た見方で的を射ている。劉備に恥じる様子がなかったことはたしかだが、龐統を酒宴から退けたのち、すぐさま後悔して、呼び戻したあたりは、劉備が自分の非を悟ったからである。覇者たるものはこうでなければならないのだ。反省し、後悔することがあれば、ただちに非を改めるにやぶさかでない行動があって、人々から信頼を受けるようになるのである。こうした劉備の率直な人柄がおのずと人を集め、彼を覇者にまでおしあげたのであろう。

龐統の死と雒城難攻の知らせが伝わると、荊州にあった諸葛孔明・張飛・趙雲は兵を率いて長江の流れをさかのぼり、白帝《はくてい》・江州（重慶市）などを平定して、雒城に集結した。関羽だけは荊州のおさえとしてのこった。

建安一九年の夏、まず雒城が陥落した。それから数十日後に、成都は劉備に包囲され、劉璋は城を出て降伏した。劉璋は荊州の公安に移され、その財産は保証された。父子二代、二〇余年にわたる劉焉・劉璋の巴蜀支配は終わった。

代わって劉備が軍兵を率いて威風堂々と成都に入城した。彼はみずから益州牧となった。ときに劉備は五四歳、これで、ようやく念願の「天下三分」の形勢をみずからの手で切り開くことができたのである。

『傅子《ふし》』という書物によると、最初、劉備が蜀を襲撃したという情報をキャッチした魏の朝臣たちの間では、成功しないだろうという説と成功するだろうという説に二分されていたという。後者の意見に立つ徴士の傅幹《ふかん》の批評はこうであった。

劉備は寛大で情け深く、節度があり、よく人の死力をふりしぼらせる人物だ。諸葛孔明は政治に熟達し、状況の変化を読みとる男で、正道によりながら権謀がある。しかもその彼が劉備の大臣となっている。張飛・関羽は勇敢で義理固く、どちらもよく一人で万人の敵にあたる男だ。しかも、その彼らが劉備の将軍となっている。この三人はみな英雄である。劉備の知謀に加えて、三人の英雄が補佐しているのだ。どうして成功しないことがあろうか。

事実そのとおりであり、そのとおりとなった。まことに、劉備は「寛仁にして度有り、能《よ》く人の死力を得る」頭領の器だった。

七　蜀の盟主となる

❖一触即発の呉蜀

益州牧となって、事実上三国の一つ蜀の盟主となった劉備は、諸葛孔明を軍師将に任じ、署《しょ》左《さ》将軍府事を兼任させて、軍事・行政の中心にすえた。また関羽を督《とく》荊州に任じ、引きつづき荊州の警備と行政の全責任を彼にゆだねた。張飛は巴西太守、趙雲は翊《よく》軍将軍となった。

さらに、人材の不足を充実させるために劉備は劉璋の旧臣であったものでも、敵ながら、あっぱれ気骨のある人物を、それぞれの適性に応じて要職につけた。

たとえば、劉璋と姻戚であった費観《ひかん》は巴郡太守に、前益州太守で、公正な政治をおこなって益州の人民から慕われていた董和《とうか》は掌軍《しゅぐん》中郎将に、気骨に富み、「累卵の奇有り」として劉備の入蜀に徹頭徹尾反対した黄権《こうけん》は偏《へん》将軍に、最後は軍勢を率いて劉備に降伏したものの、綿竹城をよく守った李厳《りげん》は犍為《けんい》太守に、黄権と同じように劉備の入蜀に強く反対した劉巴《りゅうは》は世曹《せそう》の掾《えん》に、梓潼《しとう》の令として城門を固く閉ざして、住民の生命と財産を懸命に守りとおした王連は、はじめは什邡《じゅうほう》の令に任じられたが、ついで司塩校尉に抜擢《ばってき》された。

新体制の人事は、今後の劉備政権の行政を占ううえで、戦後処理のもっともかなめになる重要事項であった。それだけに、朝野の注目するところとなっていた。この人事で問題になった人物がいる。もと蜀郡太守の許靖《きょせい》である。字は文休といい、河南省汝南《じょなん》県の出身であった。後漢末の「清流」派知識人のなかで、人物批評にかけては第一人者とうたわれた許劭《きょしょう》の従弟にあたるが、彼も一流の人物批評家として著名であった。劉璋の招きに応じ、蜀郡太守に任ぜられて重きをなしていたが、官僚としての才覚がなく、しかも老齢であった。さらに悪いことに、劉備が成都を包囲しているさなか城壁を越えて逃亡を企てて失敗する事件を引き起こして、蜀における評判はかんばしくなかった。劉備は、主人の危険を見捨て逃亡を企てる軽薄な人物とみて、許靖の登用を見合わせていた。これにたいして法生が異論を挟んだ。

「許靖の名声はたしかに実のともなわぬものです。しかし、これだけ名声が広まってしまえば、いかんともしがたいのです。許靖を冷遇したとなれば、将軍の評判にさしさわります」

もともと虚名の嫌いな劉備であったが、いまはだいじな過渡期、なんとか乗りきっていかねばならぬ正念場であれば、いちがいに法生の異論を無視するわけにはいかなかった。

劉備はあらためて許靖を左将軍長史に任じて、孔明のもとに配属した。

発足まもない新政権の内政に、劉備が孔明とともに心を砕いているころ、呉の孫権は単独で蜀を占拠した劉備にはげしい怒りを抱き、ただちに孔明の兄で、呉に仕えて重用されていた諸《しょ》葛瑾《かっきん》を使者として成都に派遣した。赤壁の戦いののち、孫権が劉備に帰属させていた荊州の南部地帯にある長沙《ちょうさ》・零陵《れいりょう》・桂陽《けいよう》の三郡を返還するように申し入れたのである。

劉備は、もちろんこの返還要求には応じなかったので、孫権は呂蒙《りょもう》に兵三万を授けて、三郡を占拠させた。

劉備の側近では、荊州のおさえにあたっていたのは関羽だけである。この手薄な守りを突いたのが呉の将軍、呂蒙である。劉備はこれを知って、ただちに成都を出て、荊州における蜀の根拠地公安に出兵した。このとき、呉はこれに対応して、魯粛《ろしゅく》を呂蒙の後詰《ごづ》めとして派遣し、彼に万余の兵をゆだねて、益陽、いまの湖南省益陽県に進出させたので、劉備は関羽を益陽にさしむけた。かくして呉と蜀の両軍はここで相対峙した。

こうして呉蜀が一触即発のにらみ合いをつづけていたちょうどそのころ、建安二〇年（二一五）の春三月から秋七月にかけて、曹操は漢中郡、現在の陝西省《せんせいしょう》南部から湖北省北部にかけての地方に、五斗米道教国を築いて独立政権を形成していた張魯《ちょうろ》を降伏させ、漢中全域を手に入れた。この情報を受け取った劉備と孫権は、ただちに和睦した。

この曹操の漢中支配は呉と蜀にとっては喉《のど》もとに刃を突きつけられたようなものであった。

この和睦の結果、江夏・長沙・桂陽の三郡は孫権に、南郡・零陵・武陵の三郡は劉備に、正式に帰属することとなった。

劉備は成都に帰還すると、巴蜀の地にとって最大の脅威となった曹操の漢中支配になんらかの手を打つ必要に迫られていた。事実、成都では、曹操が巴蜀の地に侵入してくるという風評が盛んに飛び交っており、民心はかなりの動揺をみせていた。劉備は、この動揺を取り除くためにも、曹操の南進を未然にくじくべく、進んで先制攻撃をかけることにした。

❖趙雲の活躍

建安二三（二一八）年、劉備は張飛・馬越《ばえつ》・黄忠《こうちゅう》らの諸将とともに大軍を率いて成都を進発。甘粛《かんしゅく》省から漢中郡の陽平関《ようへいかん》に入り、翌年正月、陽平関より南下して沔水《べんすい》を渡り、定軍山《ていぐんざん》に陣を構えて、魏の夏侯淵《かこうえん》の軍と対戦した。このとき、劉備は夏侯淵の首級をあげて勝利をおさめた。

これを知った曹操は、その年の三月、みずから兵を率いて陽平関に到着した。劉備は準備万端整えて、周辺の軍勢をすべて要害に配置、戦闘を避けて守備を固めた。曹操は蜀軍を一気にふみつぶすつもりであったが、二ヵ月も攻めあぐんだ。その間、脱走兵があいつぐありさま。この虚をついて、蜀の老将趙雲が暴れ回り、ついに曹操軍を敗走させた。

「子竜《しりゅう》（趙雲）は一身すべて胆なり」

と、劉備が感嘆して、趙雲を虎威《こい》将軍とよばせるようにしたのは、このときのことである。

その年の秋七月、ついに曹操は漢中郡を放棄した。

かくして、劉備は、荊州の三郡、それに巴蜀と漢中郡を確保して、事実上、天下三分の形態をつくりだすことに成功した。曹操が撤退した建安二四（二一九）年の七月、劉備は漢中郡の沔陽《べんよう》で、部下の推戴《すいたい》を受けて漢中王の位についた。この三年まえの建安二一年の五月に、曹操が爵《しゃく》を進めて魏王となっていたので、これに対応して、王位に就いたのである。漢中郡は、四〇〇年前に漢の高祖劉邦《りゅうほう》が封ぜられて漢中王となり、その後、ここを根拠地として帝業を成し遂げた由緒深い土地柄でもあった。

劉備はときに五九歳。はじめて自力で強敵曹操と互角に渡り合い、しかもこれを破ったのである。その得意や思うべし。このときの劉備にとって、天下三分の形勢を推し進めて、天下に覇業を打ち立てるのも、かならずしも夢ではなかったのである。

荊州領有協定で、六郡を半分ずつ分割支配することで、四年間の和平を維持することができた呉・蜀であったが、劉備が漢中王となったその年の冬一〇月、両国の間にふたたび紛争の火の手があがった。関羽がその火付け役であった。

劉備と孔明が全力をあげて巴蜀の経営にあたり、さらに漢中の地を支配下におくために、曹操とあらそっている間、関羽は荊州総督として、荊州守備の任務をはたした。巴蜀を占領し、漢中地方を掌中にできたのは、関羽が荊州にあって、背後の安全をしっかりと保障していたからである。その関羽の功績は大きい。

劉備が漢中から曹操の勢力を追い出して、ようやく「天下三分の計」が、現実のものとして機能しはじめた矢先のこと、関羽はみずから兵を動かして、荊州の樊城《はんじょう》、いまの湖北省襄陽《じょうよう》県にあった魏の前線基地に向けて攻撃に出た。主人劉備の漢中地方の制圧に呼応するかたちで、南から魏を攻めて、荊州の北部を占拠し、漢中と荊州をまっすぐにつなぐための軍事的行動を関羽は策したのだ。もしこれが成功すれば、劉備の中原制覇は容易となると、関羽はみていたにちがいない。

樊城には、曹操の弟の曹仁《そうじん》が征南将軍として、これを守っていた。関羽は輩下の部将麋芳《びほう》と傅《ふ》士仁《しじん》のそれぞれに、荊州における蜀の根拠地である江陵と公安をゆだねて、出撃した。

その建安二四年秋八月には、荊州に大雨が降り続き、樊城の近くを流れる漢水が氾濫《はんらん》した。水上戦となると、関羽は魏軍の諸将にくらべて、はるかに熟達していた。大きな兵船を使って関羽は、樊城郊外の高地に避難していた曹仁麾下の猛将于禁《うきん》・龐徳《ほうとく》軍を追撃し、龐徳を血祭りにあげ、于禁を捕らえた。これで、曹仁以下数千の守備兵が立てこもる樊城は、水びたしのなかで完全に孤立した。

このときの関羽の威勢は、たしかに樊城をひとのみにして、漢の献帝《けんてい》の行在所《あんざいしょ》となっていた許《きょ》の都まで、一挙に攻めのぼるかのごとき気配さえかんじさせた。

このため曹操は、一時は献帝を河北の地に遷そうと考えたほどであった。このあたるべからざる関羽の鋭鋒をおそれたのは、曹操ばかりではなかった。荊州支配をめざしていた呉の孫権もたしかに畏怖《いふ》を抱き始めていた。

❖関羽、進退極まる

魏の参謀の司馬仲達《ちゅうたつ》（一七九〜二五一）と蔣済《しょうさい》は、許の都から献帝を河北の地に移すことは、人心に動揺をあたえかねないという理由で、曹操に反対し、目前に迫っている樊城の危急を牽制するために、孫権に江南の支配権を正式に認めることで懐柔し、関羽を背後から襲撃させてはいかがと、献策した。曹操はこの献策を取りあげた。それが成功したのだ。孫権は予想どおり、部将の呂蒙と陸遜《りくそん》に命じて、隠密裏に兵を進めて関羽の背後をつかせた。荊州における蜀軍の根拠地で、手薄になっていた江陵と公安が、その攻撃目標であった。公安の留守部隊をあずかっていた傅士仁が降伏すると、江陵の守備隊長の麋芳もあっさり呉軍に降った。

樊城を包囲して、陥落寸前のところで、あと一手の詰めに関羽が苦労していたときのできごとであった。そのうち樊城には、有力な魏の援軍が到着していた。

当陽の麦城をめざして延び落ちる関羽一行

関羽は進むに進めず、退くに退路を断たれ、万事休した。わずかに当陽の麦城《ばくじょう》をめざして血路を開いたが、途中、呉軍に捕らえられ、息子の関平《かんぺい》とともに斬られた。

関羽の死は、蜀の成都にいた劉備に大きな衝撃をあたえた。とりわけ、関羽は挙兵いらい、兄とも弟とも頼むかけがえのない存在であった。しかも、「天下三分の計」を実現するために、なくてはならぬ根拠地荊州を失ってしまったのだ。こともあろうに、孫権はわざわざ引き出物として、洛陽にいた曹操のもとに、関羽の首級を贈りとどけたという。

劉備はこのとき、癒《いや》しがたい悲しみにうちひしがれた。劉備は孫権を恨み、関羽の復讐を誓った。

関羽はかって魏の曹操に捕らえられたことがある。そのとき、この一騎当千の豪傑をこよなく愛した曹操は、彼を捕虜としてではなく、部将として優遇し、自分のもとで働いてくれることを強く望んだが、関羽はそれをふりきって、劉備のところに帰っている。かく関羽は劉備を慕い、劉備もまた関羽に全幅の信頼をよせていた。はじめて掌中に収めた荊州の根拠地を関羽にゆだねたのも、そのためだった。そのおさえを背景にして、劉備は巴蜀の地へ兵馬を進めることができたのである。

その関羽を不意打ちにもひとしいやり方で捕らえ、彼の首級を曹操にとどけた孫権の仕打ちを、劉備はどうしても許すことはできなかった。しかも、関羽だけは、孔明・張飛・趙雲とちがって、新天地の巴蜀をその眼で確かめる機会がないままに、孫権の術中にはまり、あえなく命を落としてしまったのだ。さぞ無念であったにちがいない。そう思うと、劉備は関羽が痛ましく、哀れでならなかった。なんとしても、劉備は自分の手で、この仇を孫権に報いねばならぬという憤怒《ふんぬ》にかられていた。

八　漢室の再興を孔明に託す

❖関羽の仇を討つ

建安二五（二二〇）年、関羽が殺された翌年の一月のこと、魏王を名乗っていた曹操は六六歳で病没した。

二男の曹丕《そうひ》（一八七〜二二六）はただちに父の跡目を襲って、魏王となり、後漢の丞相を兼ねたが、その年の秋には予定どおり漢の献帝から皇位を譲り受けて、魏の皇帝の位についた。これが魏の文帝である。曹操には武帝の諡《おくりな》を贈り、献帝は山陽公に封ぜられた。あっけない曹操の死であり、漢王朝の結末であった。

この禅譲《ぜんじょう》の知らせが、巴蜀の地にとどくと、丞相の諸葛孔明は漢中王劉備に蜀漢の帝位にのぼるように勧めた。

「いま曹氏は漢を簒奪《さんだつ》して、天下に君主はいなくなりました。漢中王であるあなたが漢室劉氏の一族でおありになるからには、この際、帝位に就かれるのが当然の措置でありましょう。

文武の臣下が、あなたに仕えて、久しく苦労をしてまいりましたのも、またその栄誉を分かちたいがためでありました」

劉備はこれを受けて、成都で蜀漢帝国の皇帝を名乗った。ときに劉備は六〇歳、生まれ故郷涿《たく》県で兵を起こしてから、すでに三七年の歳月が流れていた。その年は、蜀の年号に改めて、章武《しょうぶ》元（二二一）年とした。

蜀漢帝国の皇位についた劉備がまず志したのは、関羽の仇を討ち、呉に奪われた荊州の失地を回復することであった。彼に東征を決意させたのは、関羽の仇を討つという私情に発したとみるのが従来からのもっぱらの説であるが、はたしてそうであろうか。

劉備は、いまや小なりとはいえ、一国の皇帝である。その彼が憤怒にまかせて、一国の大軍を動かしていては、国はいくらあってもたりないだろう。劉備は、このときたしかに報復の炎に憤怒の心をたぎらせていたが、東征をはやった最大の理由は関羽の恨みを晴らすということではなかったと、私はみたい。

そもそも荊州の地は、赤壁の戦いののち、劉備がはじめて掌中にした根拠地であった。これがあって、巴蜀の独立は達成されたのである。しかも巴蜀の制覇に功労のあった兵士たちは、この荊州から徴発されて、巴蜀の地に仮住まいのかたちで屯営《とんえい》していた。彼らは、いまや帰るべき故郷を失い、父母や妻子と離れ離れになってしまったのである。この不安と動揺を、どうしたらおさめることができるか、それはただ荊州の失地を回復することよりほかになかったはずだ。これが、情宜《じょうぎ》に厚い劉備に東征を決意させた第一点である。

それればかりではない。最終的に中原の地を攻略目的にすえるとすれば、荊州がなければ、険《けん》阻《そ》な蜀の桟道《さんどう》を越えねばならず、これには距離が遠いというマイナスだけではなく、一度出陣すれば、ふたたび帰還できる保障がないという危険をともなっていた。兵站《へいたん》路線が延びきって、兵糧の補給は利かなくなり、しかも、その間に横たわる蜀の桟道が難所ときていては、その退路を断たれてしまえば、もう絶体絶命である。

❖張飛、部下の手にかかる

これが荊州の地になると、かかる危険をともなうことなく、容易に中原の地に達することができるのである。つまり、荊州の位置は中原の地の喉もとにあたっていた。この荊州を失ったことは、劉備にとって、中原制覇の野望を断たれたにひとしかった。これが、劉備を東征に駆り立てた最大の理由であった。

劉備が東征計画を発表すると、まっ先にこれに反対したのは、巴蜀の土着の人々であった。蜀漢帝国の成立は、いちおう魏と呉に対応できる安定政権の樹立を意味していた。彼らは、これでいちおうの落ち着きを取り戻したばかりであった。その矢先の東征とあっては、またぞろ、

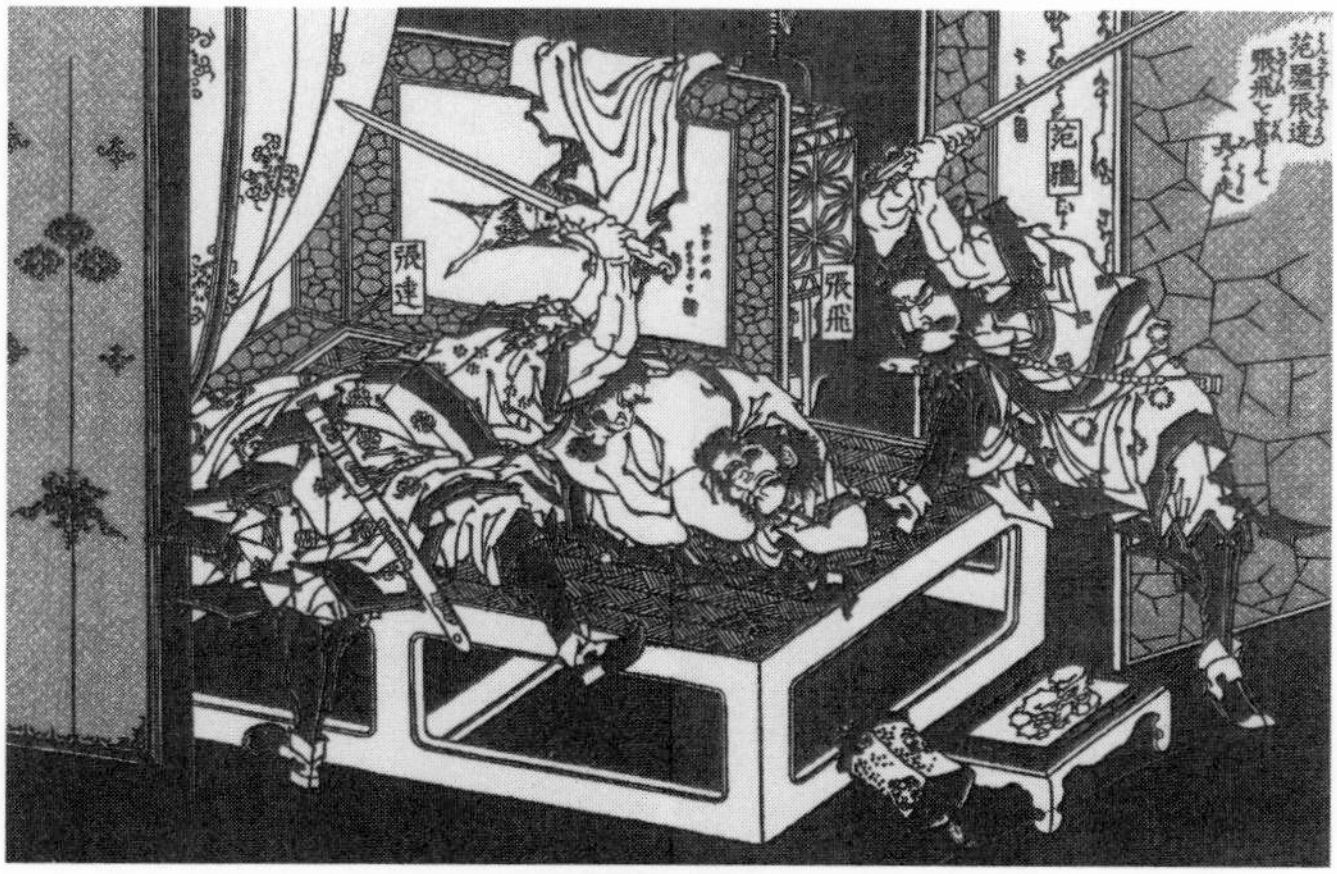

張飛の最期

戦争にまきこまれて、生活や死の不安にさらされねばならぬ。彼らが反対するのは当然であった。その意見を率直に上奏におよんだのが、広漢出身の官僚の秦宓《しんふく》であった。彼は東征が天の時機にかなわないとして強硬に反対したが、そのために、劉備によって獄に投ぜられるはめとなった。

反対したのは、土着の人々だけではなかった。劉備から厚い信頼をうけていた宿将の趙雲も、東征阻止の意見を言上した。蜀の国賊は魏の曹操父子であって孫権ではないとして、まずは漢中から中原に兵馬を進めることが先で、それをほおっておいて、いまから呉と事を構えるようにでもなれば、そのうち引くにも引けなくなるのは必定《ひつじょう》だというのが、趙雲の意見であった。これにも、劉備は耳を貸そうとはしなかった。荊州の失地回復と関羽の仇討ちだけが、劉備の念頭を支配していたのだ。

東征を前にして、一つの不幸な知らせが、劉備のもとにとどいた。張飛の地所がある巴西郡の閬中《ろうちゅう》、いまの四川省閬中《ろうちゅう》県からとどけられた一通の上奏文がそれであった。

「張飛将軍の屯営からの上奏文にございます」

と取り次ぎの者が報告したとき、劉備はとっさに叫んだ。

「ああ、張飛が死んだ」

張飛は元来部下にたいしてきびしすぎるといううわさがあった。かねてから劉備は、張飛のために、そのことをおそれていたのだ。劉備は張飛の屯営からの上奏文だときいただけで、一瞬にして背筋が凍りつくような不吉な予感に襲われた。予感は的中していた。やはり、張飛は東征をまえにして、その準備を完了し、出発間際に呉に寝返った部下の手にかかって殺されていたのだ。直情径行の張飛は部下をかわいがりもしたが、これを罰することにもきびしくありすぎた。

劉備は関羽についで、張飛まで失ってしまったのだ。戦にかけては、この二将軍は百万に匹敵する豪勇であっただけに、劉備にとっては、左右の腕をもがれる思いであった。

❖陸遜の火攻めに屈する

いまだ義兄弟をなくした悲しみが癒《い》えぬ章武元（二二一）年の秋七月、劉備はみずから東征の大軍を率いて、成都から江南の地をめざして進発した。長江を下る蜀軍には、蜀漢帝国がそのとき動員できる最大限の兵力が投入されていた。

『三国志』蜀書の先主伝に、裴松之は葛洪《かっこう》の『神仙伝』を引用して、劉備が東征出兵の吉凶を、仙人の李意其《りいき》に占わせたことを記している。李意其は吉凶には答えず、紙と筆を求めて、兵馬・武器の絵を数十枚かきあげると、すぐさま一枚一枚これを破り捨て、また一人の大きな人物を描き、地面を掘ってこれを埋めて、そのまま立ち去った。劉備はたいへん不快がったが、思い直して東征に進発した。李意其が大きな人物を描いて地中に埋めたのは、じつは劉備の死を予言していたというのである。

劉備は、呉の最前線の砦であった現在の四川省巫山《ふざん》県の巫城を攻略し、いまの湖北省秭帰《しき》県の秭帰城まで、怒濤《どとう》の勢いで進撃し、ここに駐屯した。このような情勢をみて、荊州南部の士族は劉備に内応して蜂起したので、東征は蜀漢軍にきわめて有利に展開するかのようにみえた。

その年は蜀軍優勢のうちに、秭帰城までの進撃で終わったが、劉備は、翌年章武二年の春に東進を開始。夷陵《いりょう》・猇亭《こうてい》の城を占領し、そのまま猇亭に屯営した。このとき、劉備は東方に向かって、しだいに細長くのびる戦線のために、兵站《へいたん》基地を確保する必要から、巫から夷陵まで長江沿いに約六〇〇キロメートルの間に柵を設けて、数十の陣営を張っていた。

この布陣のありさまを、遠く中原の地で伝え聞いた魏の文帝の曹丕は、

「劉備は戦術を知らない。一五〇〇里にわたって陣を布いて、敵を防ぐ手段があろうか」

と、笑ったという。

これを迎え撃つ呉の将軍は、陸遜である。彼は、いまの湖北省宜都県の北三〇里（約一二キロメートル）のところで長江の北岸に陣を布いて、猇亭城にいる劉備とにらみあっていた。このとき、陸遜は戦にはやる諸将をきびしくいましめて応戦させなかったので、半年に近い膠《こう》着《ちゃく》状態がつづいたままで、両軍は動かなかった。

じつはこの膠着状態こそ、陸遜の思う壺。長征してようやく疲労が出始めたところにきて、かくもながい対陣である蜀軍は完全に気勢をそがれてしまっていた。陸遜の作戦は図にあたった。閏《うるう》六月、陸遜は猇亭の蜀軍に突入して火攻めの急襲をかけることにした。兵士にそれぞれ一把の茅をもたせて、蜀軍に突入して火を放ったのである。これで、一挙に蜀軍は崩れ去った。先陣が崩れると、東西に長く延びた数十の軍営もまたたく間に、浮き足立ってしまった。狭い山道で進退の自由を失って混乱をきたし、蜀軍はそのまま総崩れとなってしまった。

❖この主人にして、この臣あり

劉備は夜陰にまぎれて、かろうじて逃れ、敗軍の兵をまとめて白帝城《はくていじょう》に入ることができた。劉備が白帝を永安と改めたのは、このときのことである。

一方、劉備の別動隊として長江の北岸沿いに進んで、荊州の北部地帯に進撃していた将軍黄《こう》権《けん》の部隊は劉備の敗北で、いまの湖北省南部で取り残されて孤立し、完全に巴蜀への退路をたたれてしまい、やむなく魏に降っている。この黄権降伏の知らせを受けて、法務官は軍法を盾に、黄権の家族を逮捕しようと許可を求めたが、劉備は、

「孤《われ》は黄権に負《そむ》く。黄権は孤に負かざるなり」

といって、いままでどおり黄権の家族を処遇した。

魏に降伏した黄権は、どうなったか。魏の文帝曹丕は、黄権が剛直の士であることを知っていたので、召しだして、自分に仕えないかと勧めた。黄権はこれを断って言った。

「私は劉備殿から身に余る優遇を受けてまいりました。その私が貴国に帰順致しましたのは、退路を断たれて帰るに帰れず、さればといって、呉に降るのも潔《いさぎよ》しとしなかったのであります。敗軍の将でありながら命をながらえることができたのは、それだけでも幸いとしなければなりません。先人の例にならって、貴国に仕えるなど、とてもそんな気になりません」

魏の文帝も、これを聞いて、いよいよ黄権の人物が気に入った。

「なるほど、よく分かった」

といって、黄権に鎮南将軍の称号を贈り、育陽侯に封じて、側近に取り立てている。

その後、「黄権の家族が処刑された」というデマが魏にとどいたが、黄権は劉備がそんなことをするはずがないと、頭から信じなかったという。

この主人にして、この下臣ありとは、おそらくは、劉備と黄権の人間関係にもあてはまるであろう。劉備は悲境にさらされていたにもかかわらず、おのれの非を認めて、黄権を責めず、むしろその家族を思いやる心がある。覇業を達成するためには覇者個人の知力などは知れたものである。たくさんの知力を結集することができなければ、覇者たることはできないのだ。なんの背景も力もなかった劉備のように、まったく無の状態から覇者たらんと志した者には、とりわけ人々をひきつける徳が必要であった。劉備はその徳を備えていた。そのことは、「孤は黄権に負く。黄権は孤に負かざるなり」ということばが、すべてを物語っていた。

黄権は黄権でりっぱである。主人劉備への絶対的信頼をくずさない。「家族が処刑された」という知らせを、降伏した異国で厚遇されている者が受け取れば、疑心暗鬼になるのが、ごく普通の状態であると考えられる。ところが、黄権は、劉備の人格的存在にいささかも疑念をさしはさむことなく、毅然としている。

このような信頼関係が、他の劉備を取り巻く主従の関係に、多様なかたちで成立していたと考えられる。劉備の徳としかいいようのない人格的魅力に魅せられた下臣集団が存在し、それが劉備と固くむすばれていたからであろう。

今日の白帝城　重慶市奉節県の長江三峡にある。かつては小高い山城であったが、2006年の三峡ダムの築造によって長江の水位があがり、現在は長江に浮かぶ島になっている。（Avalon／時事通信フォト提供）

❖白帝城にて没する

白帝城にたどりついた劉備はすでに病んでいた。回復しようのない敗戦の打撃は、心身ともに劉備をむしばんでいた。病状は下痢から始まって、急速に悪化した。この知らせを受けた孔明は、章武三（二二三）年の二月、成都から白帝城に駆けつけた。

その四月、劉備はふたたび成都の空を見ることなく、霧深い山峡の孤城で、波乱に富んだ六三年の生涯を閉じたのである。

劉備は重態に陥って、余命いくばくもないと悟ったとき、孔明を枕もとに呼び寄せて、後事を託した。

「君の才は、曹丕（魏の文帝）に十倍す。かならずよく国を安んじ、ついには大事を定めよ。もし嗣子《しし》輔くべくんば、これを輔けよ。もし不才なれば、君みずから取るべし」

劉備は孔明の才能が、魏の曹丕より一〇倍すぐれていると信じて疑わなかった。されば、嗣子である劉禅《りゅうぜん》に天子としての器量と才能がなければ、孔明自身がこれに代わって帝位につけとまで、劉備はいったのである。これは、いちど天下人の地位についた者であれば、なかなか吐けることばではない。劉備は、秀頼《ひでより》以外目に入らなかった太閤秀吉《たいこうひでよし》と、そこがちがっていた。このときの劉備は、帝位をだれが継承するかという問題よりも、「大事を定める」こと、つまり天下統一の覇業を成し遂げ、劉氏の姓で漢室を再興することに重きをおいていたのである。

孔明は劉備の遺言を聞いて感涙にむせんだ。

「臣は股肱《ここう》の力を尽くし、忠貞の節をあらわし、これにつぐに死をもってせん」

これまでどおり臣下としての忠義を尽くし、死をもって、劉備の意志の実現にかかわることを孔明は誓った。

章武三年夏四月、孔明は、棺《ひつぎ》を奉じて成都に帰り、幼主劉禅に、白帝城における劉備の崩御《ほうぎょ》のありさまを報告し、大喪《たいそう》の儀式を執りおこなわせた。官吏の服喪《ふくも》は三日だけとした。

劉備は諡《おくりな》して昭烈帝《しょうれつてい》と称せられた。服喪三日とは、劉備の遺言であった。極端に短い異例の措置にちがいなかった。死に際して、劉備がいかに蜀漢帝国のおかれている内外の状況に、危機感を抱いていたかを知らせるものであった。

Ⅱ

諸葛孔明作「梁甫の吟」の章

一　自分を知る者のために死力を尽くす

❖梁甫の吟

諸葛亮《しょかつりょう》、字《あざな》は孔明（一八一〜二三〇）が、荊州随一の都城である襄陽《じょうよう》にほどちかい隆中《りゅうちゅう》の山中に居を定め、ようやくにして安らぎの地をうることができたのは、一七歳の時であった。

その平穏な晴耕雨読の暮らしのなかで、ときおり孔明が吟じていた歌があった。「梁甫《りょうほ》の吟《ぎん》」というのが、それである。

梁甫の吟　　　　諸葛孔明

斉《せい》の国の都城の門を歩み出る
はるか南のかたに蕩陰《とういん》の里を望む。
そこには三つの墳墓があり

うずたかくおなじようなかたちできずかれている。

歩出斉城門　歩みて斉の城門出ずれば
遥望蕩陰里　遥かに蕩陰の里を望む
里中有三墳　里中に三墳有り
累累正相似　累累《るいるい》として正に相い似たり

この三つの墳墓はだれのものかと問えば
それは斉の勇士であった田開彊《でんかいきょう》と古冶子《こやし》、公孫接《こうそんせつ》の墓であるという。
この三人には南山を抜くほどの力があり
地紀を断ちきるほどの智術を備えていた。

問是誰家墓　問う是れ誰が家の墓ぞ
田彊古冶子　田彊　古冶子なり
力能排南山　力は能《よ》く南山を排し
文能絶地紀　文は能く地紀を絶つ

ある朝この三人の豪傑は讒言《ざんげん》される。
二つの桃を三人で奪い合って三人とも殺されてしまった。
いったいだれがこのようなはかりごとをめぐらしたのであろうか。
それはあの斉の宰相晏子《あんし》であった。

一朝披讒言　一朝　讒言を披れば
二桃殺三士　二桃《とう》もて三士を殺す
誰能為此謀　誰か能く此の謀を為す
国相斉晏子　国相　斉の晏子なり

❖二桃もて三士を殺す

この「二桃もて三士を殺す」事件の経過について、その発端から結末まで、事件の当事者であった晏子の言行録である『晏子春秋』が詳細をつくしている。それによると、事件の経緯はこうである。

昔、春秋時代に、斉の国王景公に仕えていた三人の豪傑がいた。公孫接・田開彊・古冶子で、いずれも一騎当千のつわもの。ともすれば傍若無人のふるまいが多かった。

この三人が力を合わせれば、斉の国が危ういと考えた宰相の晏子は、景公と謀《はか》って、三人の豪傑がそろっているところに、二個の桃を下賜して、「おまえたちのなかで、われこそは功労があると思う者は、遠慮なくこの桃を取って食べるがよい」といった。晏氏は三人の豪族の自尊心をあおっておいて、たがいに決闘させようとたくらんでいたのである。

すると虎を打ち殺して有名をはせた公孫接、これは晏子の策謀で、われわれの仲間割れをねらっていると察したが、体面にこだわって、すばやく一個の桃を奪い取った。これにつづいて三軍を率いて功を立てた田開彊がもう一個の桃を奪い取った。これを見て怒り心頭に発したのは、いうまでもなく古冶子であった。古冶子は、「わしはかつて主君に随って黄河を渡ったとき、泳ぎを知らなかったにもかかわらず、河にもぐって大亀を捕らえて殺し、人はみなわしのことを河伯（河の神）といってほめたたえたものだ。わしこそ桃を取る資格があるのに、おまえたちが先に桃をとってしまったのはけしからぬ。早く桃を返せ」と迫り、剣を抜いて立ち上がった。

ここで三者が渡り合うかと思えたが、古冶子の話を聞いて桃を先取りした二人の豪傑は、にわかに恥辱《ちじょく》の色を浮かべ、「われらの勇は古冶子におよばない。ここで桃を譲らなければ、貪欲《どんよく》といわれ、ここで死ななければ、勇気がないことになる」と自己批判して、二人とも桃を返し、それぞれ自刃して果てた。傍らでこの様子を茫然と眺めていた古冶子も、「二士、これに死し、冶ひとり生くるは不仁なり。人をはずかしむるに言を以てし、その声に誇るは不義なり。おこなうところを恥じて、死せざるは勇なきなり」と、言い放って、桃を取らずに、これまたその場で自殺した。そこで景公は三人の豪傑を、士礼をもって手厚く葬った。

これが『晏子春秋』に記された「二桃もて三士を殺す」事件の全内容であった。豪勇の功をたのんで傍若無人のふるまいをみせた三人の豪傑には、いつの日か斉の国に禍いをもたらす危険性があるとみてとった宰相の晏子が、二桃の計をめぐらして、すばやく禍いの芽を摘みとり、一国の安泰を謀ったことになる。三人の豪傑は除かれるべくして除かれたのである。『晏子春秋』は、理論的な羞恥心を理由にして、それぞれ自殺してゆく豪傑の末路をことこまかに描きながらも、少しもそれに同情していないのは、そのためであろう。

花田清輝氏は、『随筆三国志』のなかで、「いっぱんからは、斉の埌邪《ろうや》の出身である孔明が、好んでその歌をうたったのは、かれの望郷の念のしからしむるところであって、歌の内容とは、ほとんど無関係であるとおもわれている。しかし、はたしてそうか。わたしには、そこでうたわれているような奸智《かんち》にたけた晏子のマキァヴェリズムの犠牲になり、たちまち身を滅ぼしてしまった三士のあわれな運命が、なんらかの意味において、若い孔明の心をゆさぶったがゆえに、かれは、その歌を好んでうたっていたような気がしてならないのだ」と語っているが、はたして花田清輝氏がいうように、三人の豪傑の哀れな運命が、孔明の心を揺さぶったがゆえに、孔明は「梁甫の吟」を歌っていたのであろうか。

もともと「梁甫の吟」は「梁父《りょうほ》の吟《ぎん》」とも称するが、孔明の故郷にふるくから伝わる民間歌謡だという説もあるが、たとえが、清の沈徳潜《しんとくせん》の『古詩源』、陳祚明《ちんそめい》の『采菽堂古詩選《さいしゅくどう》』、丁《てい》福保《ふくほ》の『全漢三国晋南北朝詩』などをみても、孔明の作とみなしている。それから古いところで、民末の文学結社復社の巨頭・張溥《ちょうふ》は「漢魏六朝百三名家集」のなかに『諸葛丞相集』を収め、そこでも「梁父の吟」は、諸葛孔明の作としている。

張溥は『諸葛丞相集』の題辞で、「諸葛の梁父の吟は、古今にわたって声に出してうたわれてきた。しかしながら、蕩陰の里を望んで、斉の三士を追懐しているが、この三士は勇を好み死を軽んじた者たちで、この詩歌のこころとはなんのかかわりもない。――諸葛孔明の王佐の才、王者を補佐する才能は、まだその王者にめぐりあえず、みずから隴畝《ろうほ》を耕しながら、この歌にその志をたくしたのであって、けっして田彊のたぐいを慕っていたのではない」と論評している。

してみると、やはり君主斉の景公のために、三士を二桃でもって殺した宰相晏子の王佐の才にこそ、孔明は共感をこめて「梁甫の吟」をうたっていたことになる。

❖管仲、楽毅になぞらえる

『三国志』蜀書の「諸葛亮伝」をみると、

亮は躬《みずか》ら隴畝を耕し、好んで梁父の吟を為す。身長八尺、毎《つね》に自らを管仲《かんちゅう》、楽毅《がっき》に比すも、時人は之を認めず。

とある。当時、青年孔明は、みずからを管仲、楽毅になぞらえていたとあるが、管仲こそ斉《せい》の桓公《かんこう》を、楽毅こそ燕《えん》の昭王《しょうおう》を補佐して、二人の君主を覇王たらしめた王佐の才の持ち主であった。

管仲はもともと斉の桓公に弓を引いた反逆者であったが、「管鮑《かんぽう》の交《まじ》わり」で知られた親友の鮑叔《ほうしゅく》のとりなしで、桓公に重用され、宰相にまでのぼった人物である。その処遇にこたえて管仲は、富国強兵につとめて、桓公を列国の覇王たらしめるべく、その実現にむけて自分のすべてを燃焼させたのである。

楽毅もともとはといえば、戦国時代の魏の臣下であった。魏の使者として燕《えん》の国に出向いたとき、燕の国主昭王は彼の器量にほれこみ、これを招いて上将軍にすえたのである。楽毅もおのれのなかにある軍事の才を認め、それにふさわしい処遇をあたえた昭王のために、その後、燕の仇敵であった斉の国を壊滅させるべく死力を尽くしたのである。

管仲と楽毅は、ともにおのれを知る者のために死力を尽くし、才智を傾け、一国の運命を大きく切り開いていったポスト・ツーの人物であった。孔明はこの二人の生きざま、考え方にすっかり共鳴し、自分もいつの日か、そのような人物になりたいと考えていた。つねづね孔明は管仲、楽毅を引き合いにだして、自分の抱負を語るので、当時の世間の人々は、「身のほど知らぬやつだ」と冷やかした。これが、諸葛亮伝の「時人は之を認めず」という一文である。

二　三士を称して臥竜、鳳雛、水鏡

❖琅邪郡の名門諸葛氏

諸葛孔明が安住の地とした荊州は、現在の湖北省、湖南省を含む広大な地域をさしていた。後漢末の当時としては、戦乱の災禍でみだされることの比較的少ない一種の真空地帯であった。そのために、動乱の巷《ちまた》と化した中原の地を逃れて、遠くこの地をめざし、数多くの知識人が避難してきた。

孔明もまたこの避難者の仲間であった。

孔明の父親の諸葛珪《しょかつけい》が副知事としてつとめていた役所の所在地は、いまの山東省に属する琅《ろう》邪《や》郡の泰山《たいざん》郡である。孔明兄弟、兄の瑾《きん》と弟均《きん》と妹を加え、父母兄弟ら六人はおそらく泰山郡で生活をたてていたと思われる。

孔明が生みの母親の章氏を亡くしたのが一〇歳になるかならないころのこと。妹と弟はまだ目が離せない幼児であった。父はまもなく後妻を迎えたが、そこから数年ならずして病死した。

黄巾の農民反乱（元の時代につくられた『平話三国志』より）

当時、兄の諸葛瑾は洛陽《らくよう》の都に遊学していたので、孔明と弟、妹の三人は継母とともに、この山東の一角に肩を寄せ合うようにして暮らしていたにちがいない。

父の急死に遭っても、山東にいるかぎり、孔明の一家は生活に困ることはなかったはずだ。なにしろ諸葛氏といえば、この地方を代表する名門豪族であったからである。

のちに、孔明の族弟にあたる諸葛誕《しょかったん》が魏の宰相職の司空にのぼり、孔明の実兄の瑾が呉に仕えて左将軍宛陵侯となり、孔明が蜀の丞相となったのは、それぞれの才覚と器量によるところも大きいが、琅邪の諸葛氏という名族の出でなければ、ここまでそろいもそろって、魏・呉・蜀の大官にのぼりつめることはできなかったであろう。

黄巾の農民反乱が起こったのは後漢の光和七（一七四）年の二月のこと。孔明は四歳になったばかりであった。孔明が住んでいた山東の天地もたちまちこの反乱に飲み込まれていく。とりわけこの地方の黄巾軍は頑強で、もっとも組織的に抵抗をつづけていた。やがて泰山郡にも反乱の戦火はおよび、もはや安穏ではいられなかった。

洛陽に遊学中の長兄の諸葛瑾も、急ぎ帰郷した。彼は弟妹三人を叔父の諸葛玄《しょかつげん》にあずけると、継母をともなって孫呉政権の支配地で比較的に安定していた江南の地に、つてをもとめて避難した。おそらく興平元（一九四）年か、あるいはその前年であった。

ところが、それからほどなくして、叔父の諸葛玄が旧知の荊州牧（長官）の劉表のすすめで、予章郡の太守となった。このあと、諸葛玄が殺されるという事件があり、紆余曲折があったすえに、孔明がその弟と妹をつれて移り住んだのは、荊州の都城襄陽《じょうよう》からほどちかい隆中《りゅうちゅう》であった。隆中は、襄陽、現在の湖北省襄樊《じょうはん》市から、北西二〇里（約八キロメートル）のところに入った丘陵地帯の山麓であった。やはり叔父の知人劉表を頼ってのことであった。時に孔明は一七歳。若き家長として弟妹のめんどうをみながら、乱世のなかを生きていく糧を求めて、自立する道を探した。かくして、孔明の隆中における晴耕雨読の生活が始まったのである。

不幸にして幼少期に両親を亡くし、さらに乱離《らんり》の巷《ちまた》を流浪《るろう》して、孤独な苦労を背負って生きねばならなかった孔明は、その逆境にめげずに、それに打ち克っていくことのできる強い意志力と智力を身につけるようになっていた。彼はすでに八尺（約一九二センチメートル）豊かな偉丈夫《いじょうぶ》に成長していた。

その隆中で、孔明が好んで吟詠していたのが、冒頭にあげた「梁甫の吟」であった。

荊州の長官の劉表が、その都城襄陽に赴任したのは、後漢の初平元（一九〇）年のことである。孔明がこの地に移住してきたときには、すでに劉表の治政は七年におよんでおり、中原の地とは性格を異にした独特の文化圏を形成していた。襄陽には、司馬徽《しばき》、宋忠《そうちゅう》といったすぐれた学者が存在していて、遠く巴蜀《はしょく》（四川省）の地からも、彼らの学識を慕って人々が勉学に来たといわれている。

孔明が師事したのは、このなかの司馬徽《しばき》であった。その学舎で孔明は潁川《えいせん》出身の徐庶《じょしょ》、石広元《せきこうげん》と知り合い、友人となったのである。

孔明が妻を迎えたのはいつの頃か不明であるが、襄陽の街沿いに流れる漢水の南岸、沔南《べんなん》の地に住む豪族に、黄承彦《こうしょうげん》がいて、自分の娘の婿殿になってくれと孔明に申し出た。

「あなたは奥さんをお探しだときいていますが、私の娘をもらってはいただけないか。じつのところ、娘は色が黒く、髪は赤茶けて、その容貌はさっぱりですが、才気にすぐれているのがせめてもの取り得《とりえ》です。家内にしていただければ、その役割は立派にはたせる女だと思っていますが、いかがでしょう」

孔明は笑ってうなずき、黄承彦の娘を妻として迎え入れた。これを知った人々は、「まねするな、孔明の嫁選びを。とんだ醜女《しこめ》をひきあてた」とはやしたてたという。のちにこの醜女が賢夫人となり、おおいに内助の功をあげるようになる。

孔明といっしょに隆中で暮らしていた妹は龐山民《ほうさんみん》に嫁ぎ、弟の均《きん》も南陽の林氏《りんし》から妻を迎えた。

❖逸民の龐徳公

龐山民の父親は逸民《いつみん》の龐徳公《ほうとくこう》である。逸民は世俗をのがれて野に暮らす人であるが、孔明はこの龐徳公をたいへん尊敬していて、その家に訪れても、牀下《しょうか》に拝してけっして長話をすることはなかった。よほど威厳のあった逸民であったのであろう。

孔明の義理の弟となった龐山民は、のちに魏に仕え黄門吏部侍郎になり、兄と妹は、魏と蜀に分かれて案じ合うことになる。孔明の兄の瑾が呉に仕えて、その重臣となっており、諸葛兄弟はまるで三国乱離の状況を象徴するかのような兄弟、兄妹であった。

龐徳公にとって甥にあたる龐統《ほうとう》は、字を士元《しげん》といい、孔明より二歳の年長であった。質朴で鈍重な性格にみえたので、あまり世間の注目を浴びることはなかったが、ただ一人これを認めていたのが、司馬徽、字は徳操《とくそう》であった。この高名な学者は、潁川《えいせん》郡（現・河南省）の「清流」派知識人の流れをくむだけあって、人の器才をみぬく眼力では、すでに定評があった。

龐統はかつて二〇〇〇里（約八〇〇キロメートル）の道を遠しとせずに、潁川の地に司馬徽先生を訪れたことがある。おりから先生は木に登って葉を摘んでいた。龐統は樹下に座して、先生と話をはじめて時のたつのを忘れ、いつのまにか夜を迎えてしまった。あとで、司馬徽は、「南洲の冠冕《かんべん》」――江南における第一級の人物だと、龐統を激賞したという。

のちに龐統は孔明とともに蜀の劉備に仕え、その軍師として大活躍する。

司馬徽は戦乱の地となった故郷潁川を捨てて、まっすぐに訪れたのは、荊州の峴山《けんざん》に棲む名士の龐徳公のところであり、その逸民的風韻にふれて兄事することになったのである。かくして荊州の地に落ち着いた司馬徽は学舎を開き、好学の士を集めた。孔明もおそらく龐徳公、龐統を介して、その門下に入ったとおもわれる。

龐徳公は龐統、孔明、司馬徽の三人を、

「諸葛孔明は臥竜《がりょう》、龐士元は鳳雛《ほうすう》、司馬徳操は水鏡《すいきょう》」

と評している。臥竜とはいつの日か雲を巻き起こして天に昇る潜竜、鳳雛は将来霊長鳳凰となるそのひな鳥、水鏡とは人を映し出す鏡、つまり人物を見抜く眼識をそなえた人物とみたのである。

このように荊州随一の孤高の逸民から評価された孔明の存在は、若者ながらしだいに襄陽の名士たちの注目を集めるようになっていった。

諸葛孔明

三　体制に順応しない拒絶の精神

❖子孫に安泰をのこす

孔明の義父となった黄承彦《こうしょうげん》は、蔡諷《さいふう》の娘を娶っていた。蔡諷は息子の蕈《たん》とともに、荊州刺史となって劉表が乗り込んできた当初から、彼を支援したこの地方の豪族であった。そうしたことから、劉表は蔡諷のもう一人の娘を後妻としていたので、劉表と黄承彦は義理の兄弟の間柄となっていた。

諸葛孔明は黄承彦の娘を妻としたことで、荊州の長官劉表との関係はより近いものになっていたはずだ。にもかかわらず、孔明は劉表のもとに出仕しようとしなかったのは、なぜであろうか。

その理由はもっぱら、荊州の領主となった劉表の人物とその政治的識見にあった。

孔明が慈父のごとく慕った龐徳公、彼が師事した学者の水鏡先生こと司馬徽は、いずれも劉表を高く買っていなかった。

『後漢書』の「逸民伝」によると、領主となった劉表は、峴山《けんざん》に住む龐徳公のもとに来て、仕官を勧めたが、龐徳公は鋤《すき》の手を休め、畦道《あぜみち》に腰をおろして目の前で草むしりする妻子を見ながら、

「世間の人々は子孫に危険をのこすが、わしだけは子孫に安泰をのこすのだ」

と語って、劉表の勧誘をきっぱり断ったという。

そしてまた、『世説新語』言語篇の注に引く「司馬徽別伝」によると、劉表は司馬徽が立派な人物でありながら、荊州では不遇であるという評判を聞いて、彼を訪ねているが、その村夫《そんぷう》子《し》然とした風貌をみて、

「世間の人々の評価はでたらめだ。ほんのつまらない書生じゃないか」

とあざけったという。

ところが、その「司馬徽別伝」の著者は、「深い知恵がありながら、一見愚かにみえること、かくの如くであった」と、劉表の人間を見抜けぬ見識の低さを突いて、かえって司馬徽をたたえている。

もともと司馬徽は劉表に仕える気など毛頭なかった。劉表は暗愚で、善人を損なうだろうと、その本質を見定めていた。

劉表は前々から袁紹と手を結んでいた。河北の袁紹が北から、荊州の劉表が南西から、中原

に近い位置にいた曹操を挟み撃ちにする態勢づくりをおこなってきた。名門貴族出身の袁紹ならばともかくも、宦官《かんがん》の家を出自とする成り上がり者の曹操なんぞは、漢室につらなる劉表の自負からすれば、とうてい仲間になる相手ではなかった。ところが、曹操は官渡の戦いで強敵袁紹を破り、一気に河北の広大な領土を制覇したのである。

❖劉備の献策を拒む

劉表がまさかと思っていた最悪の事態が出現した。いまや荊州は曹操の攻略目標にされ、その脅威にさらされていた。

しかも劉表は年老いて病気がちであった。建安一二（二〇七）年、袁紹の子が逃げ込んだ烏《う》桓《がん》を華北北方に征討した曹操のすきをついて、中原の地に出兵してはという積極策を、劉表に進言した者がいた。それは当時、袁紹のもとから逃げきたって、劉表の一傭兵《ようへい》隊長となっていた劉備であった。劉表がこの献策を拒んだのも、これまで万事が消極的で、事なかれ主義でやってきた彼の優柔不断な態度から出たものであった。

漢室の一族でありながら、劉表には衰退の一途をたどる漢王朝の復興を図る志などなかった。かつての「清流」派知識人のなかの名士も、いまや名ばかりで、荊州を保持していくことに汲々《きゅうきゅう》たるのみで、一家の内紛さえおさえる器量を失っていた。

しかも劉表の長子の劉琦《りゅうき》と次男の劉琮《りゅうそう》とはたがいに反目しあっていた。劉琮の母は地方豪族の蔡《さい》氏の出身とあって、その支援を背景に腹違いの兄の劉琦を追い落として、跡目相続をねらっていたからであった。

荊州はまことに不安な政情にあった。

孔明の側からすれば、この劉表政権に出仕しようと思えば、その手だてはいくらでもあったはずだ。義父の黄承彦を介し、さらにまた叔父諸葛玄との旧交を頼みにして、劉表に接近できたはずである。

にもかかわらず、そうすることを潔しとしなかったなにかがあったとすれば、それは荊州の政情を不安定にした劉表の政治的見識の低さと手腕のなさを見て、自分を託するには足らない人物だと、孔明が判断していたからであろう。

それにもまして、龐徳公、司馬徽から受け継ぎ学んだ、やすやすと体制に順応しない、逸民のはげしい拒絶の精神にふかく影響されていたからだとみたい。その後の孔明の思想と行動は、後漢末の「清流」派知識人の精神的系譜のなかでしか読みとれない軌跡をみせて動いていくのも、そのためであろう。

四　野に遺賢を求める

❖魏の脅威にさらされる荊州

それまで太平の夢をむさぼってきた荊州であったが、建安一〇（二〇五）年あたりから、むしろ荊州は曹操の脅威にさらされるようになり、まことに不安な政治状況のなかにあった。劉表の一族に任せておいては、おそらく曹操の脅威をはねかえせず、荊州の安定はのぞむべくもないという不安が、荊州の人々をとらえていた。

そのため、襄陽の北方にある新野城《しんやじょう》に駐屯している劉備玄徳に寄せる期待が大きくなり、彼の挙動はいまや心ある荊州知識人の注目するところとなっていた。このことを察知してか、劉表の劉備にたいする態度は、しだいに冷たくなっていた。

いっぽう劉備玄徳についていえば、劉表のふところに飛びこんできた敗残の将軍であり、一傭兵隊長にすぎなかった。いずれそのうち荊州に襲い来るであろう曹操の大軍にどのように対処し、その危機を乗り越えることができるか、これまで燃やしつづけてきた漢王室再興の大志をいかすには、これからどうしたらよいか、このとき劉備は皆目見当がつかぬというのが、実情だった。

『襄陽記』の記事によると、この時、劉備が訪れたのは、人物の目利きとして評判の高い水鏡先生こと司馬徽《しばき》であった。

司馬徽の答えはこうであった。

「儒者や俗人では、時勢にあった仕事はできません。それを知っているのは俊傑だけです。この地方では、伏竜《ふくりょう》と鳳雛《ほうすう》ならいます。それは諸葛孔明と龐士元《ほうしげん》です」

当時の劉備は一傭兵隊長とはいえ、いまだ左将軍、宜城亭侯の肩書は消えてはおらず、千軍万馬の間を駆けめぐってきた将軍としての実力と名声は、つとにこの地方で知れわたっていた。この劉備が白面の一青年を訪れたのである。それも「三顧《さんこ》の礼」を尽くしてのことであった。

後年、孔明が「出師《すいし》の表《ひょう》」のなかで、

「先帝（劉備）は、臣の卑鄙《ひひ》なるを以《と》わず。猥《みだ》りに自ら枉屈《おうくつ》し、臣を草廬《そうろ》の中に三顧し、臣に諮《はか》るに当世の事を以《もっ》てす」

と回想しているのが、それである。

五　無から有を生ず

❖漢室の再興を説く

三たび訪れてきた劉備に、はじめて顔をみせた孔明は、人払いをして自室で対面した。このとき、まず劉備の切り出した時勢についての問いに孔明は答えて、こう説きはじめた。

董卓《とうたく》が都の洛陽に入ってから、豪傑はならび起こり、州にまたがり郡につらなる者は数えきれぬほどでありました。曹操は袁紹にくらべると、名声も勢力も劣っておりましたが、曹操は最後には袁紹に勝つことができました。弱い者が強くなることができたのは、天運に恵まれていただけでなく、人の知謀にも力があったからです。いま曹操と戦って勝つことはできません。

呉の孫権は長江以南の地を手に入れて根拠地となし、すでに三代つづいています。国は険にして守るによく、民は懐《なつ》いて、賢者や有能な者がよくこれに仕えています。これと仲よくして、たがいに助けあうべきで、これを侵すことを考えてはなりません。

荊州の地は、北は漢水、沔水《べんすい》の河があって要害をなし、南は南海に開けて交益の利をつくすことができる。東は呉都、会稽《かいけい》郡にまで道が開けており、西は巴蜀の地に通じている。これは武を用うるに有利なお国柄です。しかるに、この荊州の長官劉表では、この地を守りきることはできません。とすれば、天がこの国を将軍に賜ったようなものです。将軍よ、荊州に気がおありですか。

それに荊州の西にある益州（巴蜀）は道が険しくふさがって、入るに容易ではありませんが、なかは肥沃な土地が千里にわたって開けている〈天府の国〉というべき豊かな国です。漢の高祖はこの土地を拠点として、天下統一の事業を成し遂げました。ところが益州の長官劉璋《りゅうしょう》は気の弱い男で、北に五斗米道《ごとべいどう》の張魯《ちょうろ》がいますが、これに対抗できないありさまです。人口が多く国が富んでいても、民を憐れみ、救うことを知りません。したがって、益州の知能の士はみな明君を得たいと願っています。

将軍が漢室のお血筋にあたり、信義に厚いことは、天下の人々がみな承知しています。将軍が英雄を味方につけ、賢者を思う気持ちは、渇《かっ》した者が水をもとめるようであります。もしも将軍が荊州、益州をわが物として、その峻厳にして敵を寄せつけない土地を守り、内に対しては立派な政治をおこない、天下の変革に際しては、上将軍に命じて、荊州の軍隊を率いて中原の地に向かわせ、将軍みずからは益州の兵を率いて、漢中のあたりから出撃されるならば、民衆はいずれも喜び勇んで将軍を迎えるでありましょう。ほんとうにそのようになれば、きっと覇業を達成することができますし、漢の王室を再興することもできるでありましょう。

かくもたなごころを指すごとく、明晰《めいせき》に天下の形勢を論じて、漢室の再興を説く孔明の熱い舌鋒《ぜっぽう》に劉備は圧倒された。

劉備が孔明の献策に圧倒されたのは、そこに、きわめて大胆な「天下三分の計」が展開されていたからである。中原の地にのみ焦点を合わせて、政局の動向をみていた劉備は、目から鱗《うろこ》が落ちる思いであった。

荊州はともかくも、巴蜀といわれた益州を根拠地として、そこに魏、呉の既存勢力のいずれにも属さない王国を建設し、できるだけ江南の孫権とは提携をはかりながら、機を見て中原の地に兵馬を進め、曹操を倒して天下に覇をとなえるという壮大な戦略構想に接して、劉備は息をのんだ。

これは、まさしく〈無から有を生みだす〉哲学ともいえる奇策ではないか。奇策ではあるが、実現不可能な戦略構想ではない。なるほど、豊かな生産性に恵まれ、しかも天然の要塞《ようさい》ともいえる巴蜀の地で、たっぷり実力を蓄えておいて、一歩一歩中原の地に近づいていくという戦略構想は存外《ぞんがい》いけそうだと、劉備は思ったにちがいない。

孔明がいうように、荊州の劉表、益州の劉璋はいずれも為政者としては凡庸《ぼんよう》であり、漢王室の一族に属しながら、積極的に治政の安定をはかり、国を守り、できれば漢王室の再興をはたそうとする姿勢はなく、いたずらに民衆に不安を抱かせていた。たしかに荊・益州の心ある人々は、これに代わるすぐれた為政者の出現を待望していた。ここが、「天下三分の計」の肝心なところである。しかも孔明の情勢分析がもっともさえわたっている部分である。この荊・益二州の土地を掌中におさめることができれば、「天下三分の計」は、ひとまず達成できるのである。

六　私心なき純粋率直な生き方

❖底知れぬ知性の魔力

劉備は新しいタイプの賢者を、孔明に見た。隠者の風態であるが、空理空論の反俗的な哲理をもてあそぶだけの俗物ではなかった。劉備は、わが師として孔明を仰ぎ、ぜひとも新野城の幕中に軍師として迎えたいと切望した。

しかしながら、これを諸葛孔明の側からみれば、事情はそう簡単ではなかったはずだ。

たしかに、劉備は礼を厚くして孔明を訪れ、賢者としてこれを迎える異例の態度をとってはくれたが、さりとて孔明が、その義理に感じて、劉備を主君として選ばなければならないという理由はどこにもなかった。まして劉備が、これまで孔明が練り上げてきた「天下三分の計」を授けるに値する人物かどうか、しかと見定める必要があった。言い換えれば、劉備が孔明を選んだように、孔明にもまた自分の主人を選ぶ権利があったはずだ。

劉備によって「三顧の礼」がおこなわれた時間が、孔明にとって、劉備を見極める熟慮の時間であった。無名の青年とはいえ、大志を秘めた孔明がこれからのながい人生の可能性を、すでに四〇代の半ばを越えて、いっこうにうだつのあがらぬ将軍劉備にかけていくこと自体、いささか常識を逸していたとみてよい。

「寄らば大樹の陰」という発想に立って、みずからの生き方を選び取っていくのが、いかにも乱世にふさわしい常識的な世間の遊泳術であったからだ。しかしながら、諸葛孔明は、どうみても、そうした常識的な生き方を歯牙《しが》にもかけなかったふしがある。すでに安定した政治的、軍事的な基盤をもっていた曹操でも、孫権でもなく、守るべき自分の城も、養うべき数多くの手兵もない劉備玄徳を選んだところに、独りわが道をゆく孔明らしい個性の選択があった。

そのあたりが龐徳公、司馬徽にしっかりと、「清流」派の志をたたき込まれた孔明である。漢王朝の衰退を悲しみ、できることならその再興をはかろうとする「清流」派の志からすれば、漢の最後の天子献帝をかついではいるが、傀儡《かいらい》にしかすぎず、いずれは簒奪《さんだつ》か禅譲《ぜんじょう》を考えている曹操でも、漢の王室とはなんのかかわりもないが、覇王をめざしている孫権でも困るのだ。もっとも信頼している師の司馬徽がなぜ自分を劉備に推挙したのか、孔明にはその気持ちが痛いほどに分かっていた。

❖孔明、劉備の新野城に入る

なるほど、劉備は同じく漢室の血筋を受けながら、劉表とはまるっきりちがっていた。劉表は長官でありながら、荊州の地を守るのが精一杯で、〈家を破り〉〈身を賭して〉も、中原の地に漢室再興の旗標《はたじるし》を高くかかげようとする覇気をすでに失っていた。かつての「清流」派の名士としての声誉と栄光は、すでに過去のものとして色褪《あ》せていた。しかも、野に遺賢を求めることに急でなければならない者が、その容貌とか風采で、人を判断するようでは、乱世を闘い抜くことのできる賢君とはいえぬ。のちに、建安文学集団の詩人として曹操のもとで活躍することになる王粲《おうさん》が、荊州の劉表を頼ってきたものの、風采があがらぬという理由で不遇をかこち、孔明の師の司馬徽が劉表からみかけで判断されて侮辱されたのが、その証拠である。

その点、劉備にはなによりも漢室の衰微を痛み、それを復興させようとする旺盛な意欲があり、そのために在野に遺賢を求めることに真摯《しんし》であり、かつ謙虚であった。

孔明が劉備に迎えられて新野城に入ったのが、後漢の建安一二（二〇七）年で、あの世界戦史上に残る「赤壁の戦い」がおこなわれるのは、その翌年の冬一一月のことであった。

そのとき、孔明は劉備の使者として江南の覇者孫権のもとにおもむき、これと共同して、水陸両面から長江沿いに東下する公称八〇万の曹操の軍勢に立ち向かい、赤壁でこれを破る。そ

五丈原　陝西省宝鶏市岐山県。正面が諸葛孔明が陣没した五丈原で、司馬仲達の魏軍が陣を構えた渭水《いすい》は指呼の距離である。

れから五丈原《ごじょうげん》に陣没するまで、孔明の生涯は、彼が青年時代にかくありたいと願った管仲《かんちゅう》、楽《がっ》毅《き》のように、あるいは若き日に隆中の山中で彼が好んで詠じた「梁甫の吟」の晏子《あんし》のように、主君劉備玄徳の輔弼《ほひつ》の臣として、その軍師として縦横の活躍をみせている。

この時代、諸葛孔明ほどに権力の中枢に身をおきながら、私心なく、純粋率直な生き方をつらぬいた人物は他に類例をみない。おそらくあっぱれ詩人的な天性の資質が、そうさせたのであろう。

Ⅲ

孫権の章

一　声望をはせた孫氏父子

❖身を屈して恥を忍ぶ

孫権《そんけん》、字《あざな》は仲謀《ちゅうぼう》（一八二〜二五二）。これぞ、『三国志』のなかで、魏の曹操、蜀の劉備とならびたち、よく乱世の荒波を乗りきって、江南の沃野《よくや》に覇業を達成した呉の盟主である。たしかに、曹操・劉備の覇者ぶりにくらべれば第三の男というイメージはぬぐいきれないが、『三国志』呉書で、「孫権伝」を書いた歴史家の陳寿《ちんじゅ》は、まず英傑としての孫権をたたえてこう評している。

孫権は身を屈して恥を忍び、才を任《おも》んじ、計を尚《たっと》び、勾践《こうせん》の奇英ふるくから有り。人の傑なり。故に能《よ》くみずから江表に擅《ほしいまま》にして、鼎峙《ていじ》の業を成す。

勾践は、呉王《ごおう》の夫差《ふさ》と春秋末期（紀元前五世紀初頭）に長江以南の地で、最も熾烈《しれつ》な戦いをくりひろげた越《えつ》の覇王である。いちどは、恥を忍んで呉王夫差《ふさ》に降《くだ》った経験をもった勾践である。彼は、その恥辱をそそがんものと、身を苦しめて復讐心をかきたてた。いつも、干《ほ》した胆《きも》をそばにおいて、起き伏しのたびごとに、仰いで苦い胆をなめて、報復の心を燃やした。

「臥薪嘗胆《がしんしょうたん》」の「胆《たん》を嘗《な》む」という名言が出てくるのは、『史記』の「越世家」で、勾践が復讐《ふくしゅう》を誓って、角ばった薪《たきぎ》の上に臥《ふ》して身をくるしめた「臥薪」の話は、『史記』のどこにも書かれていない。のちに、『十八史略』という史書が出て、それをつけ加えたのである。

『十八史略』が明代の著書であれば、『三国志』の著者陳寿は、もとより「臥薪」の故事を知る由もなかった。とすれば、陳寿が「身を屈して恥を忍ぶ」孫権に、勾践をなぞらえたのは至極当然のことであった。

勾践は夫差に復讐を遂げるまで、彼はみずから耕作にたずさわり、夫人にも機織《はたお》りをさせ、食物に肉をとらず、色どりのある衣服を着ず、賢者の意見に耳を傾け、貧民を救い、越の民衆と苦労をともにした。彼の周囲には、宰相の范蠡《はんれい》、大夫の逢同《ほうどう》、種《しゅ》など賢者がそろっていた。勾践は彼らの才と意見を重んじた。この勾践の「奇英」、すぐれたところを、わが孫権はもっているというのが、陳寿の評価なのだ。

「江表に擅にして、鼎峙の業を成す」とは長江一帯を孫権が占有し、三国鼎立《ていりつ》の覇業を達成したという意味。長江以南の広大な沃野を基盤として、父の孫堅《そんけん》、兄の孫策《そんさく》と二代にわたって培った政治力を背景として、三代めの孫権は呉の地に屯田制《とんでんせい》を持ちこみ、豊かな経済力を加えて、ついに魏と蜀とに対峙することのできる覇業を確立したのである。

春秋時代の中期から末期にかけて、呉王に闔閭《こうりょ》が現れて、呉は中原の諸侯と覇業を争うほどの強大国となっていた。その闔閭に仕えた名将の孫武《そんぶ》の後裔《こうえい》だというので、ふたたび三国時代に呉を名乗ったのであろう。ただし、事実として、『孫子』の著者でこの兵法の神様孫武の子孫であったかどうかとなると、その真偽のほどは分からない。後漢に入ってから、この江表（長江）一帯は土地の開発が進められ、その豊かな経済力を背景に有力な豪族が形成された。孫氏の一族もその一つであったことはまちがいない。

❖性、闊達《かったつ》にして、奇節を好む

孫権の父の孫堅（一五五／一五六～一九一／一九二）は、字を文台《ぶんだい》といった。呉郡の富春《ふしゅん》（浙《せっ》江《こう》省富陽県）の出身である。

孫氏は代々富春に住まい、その城東に孫氏の墳墓があったが、あるとき、その墳墓のうえに数条の光がたちのぼり、五色の雲気となって広がり数里を照らし、ついに天下に達した。これをみた富春の古老たちが「孫氏が興隆する瑞兆《ずいちょう》だ」とうわさしていたところ、やがて母が孫堅を身ごもった。孫堅の容貌は非凡であり、「性、闊達にして、奇節を好む」と、裴松之《はいしょうし》は『三国志』の注に『呉書』なる史書をひいてつたえている。

やがて県の役人となった孫堅は、一七歳のとき、父の供をして船旅に出た。銭塘《せんとう》まで来たところで、胡玉《こぎょく》という海賊の一党が、匏里《ほうり》のあたりからさかのぼってきたのにでくわした。彼らはその近くの海岸で、略奪してきた商人たちの荷物を分配していた。それをみて、陸上の旅人たちも、水上の舟もおそろしくて進めずに立往生しているありさまだった。

孫堅は父にいった。

「此《こ》の賊討つべし。請う之《こ》を討たん」

「爾《なんじ》の図るところに在らず」

これが父の答えだったが、孫堅は刀をふりかざして海岸に飛び移ると、ともなっていた私兵を指揮して、賊どもを包囲する態勢に入った。これをみた賊どもは獲物を放り出して逃げ出した。孫堅は単身これを追いかけ、やがて首一つ手に提げて戻ってきた。このことがあって、孫堅は、郡役所に召されて都尉、つまり警察署長代理に取り上げられている。

孫堅は、若いときから富春の町の顔役の一人であったが、人々からはむしろあんな男には娘はやりたくないと思われるように「軽狡《けいこう》」であった。呉郡の富春という土地は現在の杭州《こうしゅう》市の西南にあり、当時にあっては江南における漢民族支配の最前線に位置していた。そのすぐ先は、「山越《さんえつ》」とよばれる蛮族の居住地域であった。「山越」は江南の原住民であって、富春の町をたとえれば西部劇のフロンティアの第一線基地の様相に似たものがあった。

川勝義雄氏の「貴族社会と孫呉政権の江南」という論文によれば、のちに孫堅の子の孫策が長江下流デルタ一帯をほぼ制圧して死んだとき、その葬儀にかけつけようとした富春の町の役人たちには、留守中に「山越」の蛮族が反乱を起こし、不測の事態が起こるかもしれぬという危惧があって、彼らは、けっきょく町にとどまって喪に服したという。

孫堅はそうした辺境の地に生まれ育ったが、孫氏の先祖はもともと呉の顧氏《こし》といわれる江南土着の豪族にくらべると、それほど有力な豪族ではなかった。しかしながら、任俠的性格があり、腕力にすぐれ、戦争となるとめっぽう強かったので、しだいに頭角を現してきた。それも江南の豪族の力を結集した結果ではなかった。孫堅は富春という荒涼たる辺境の町周辺の顔役として無頼《ぶらい》の徒を配下に入れて、これを私兵として出発したのである。しかも、その後の孫堅の活躍舞台は淮南《わいなん》地方から湖南地方にかけてであって、故郷の富春を中心とした江南ではなかった。

このころ会稽《かいけい》郡出身の許昌《きょしょう》という者が妖術《ようじゅつ》をよくして、近隣諸県の住民をたぶらかしていた。彼は一万余の民衆を配下に集め、陽明皇帝と称して、反乱を起こした。孫堅は精勇なる義勇兵一〇〇〇余人を組織して、許昌の一味を打ち破った。この功績を嘉《よみ》した後漢の朝廷では、孫堅を徐州にある塩瀆《えんとく》県の副知事に任命した。

❖予州刺史となる

『江表伝』という書物によると、それから孫堅は三県の副知事を歴任し、行く先々で声望をはせ、官吏からも民衆からも慕われた。それに郷里富春の旧友や冒険心にあふれた少年たちが、つねに数百人も往来したが、孫堅は彼らのめんどうをよくみて、子弟同然に遇したという。

中平元(一八四)年、黄巾の乱が起こった。時に孫堅二八歳。徐州の下邳《かひ》県の副知事を務めていた。近衛司令の朱儁《しゅしゅん》は孫堅を予備隊長に推挙したので、朱儁の配下で黄巾軍の鎮圧にあたった。このときも身の危険を冒して奮戦し、賊のたてこもった宛城《えんじょう》に一番乗りをして、さんざん敵を討ち破っている。この功績で孫堅は別動隊長に昇進した。

その後、彼が建議官に進んだとき、荊州の長沙《ちょうさ》郡で、区星《おうせい》が一万余の黄巾反乱軍を率いて、長沙城を攻撃した。朝廷は孫堅を長沙太守に起用して、この鎮圧にあたらせた。時を同じゅうして、零陵《れいりょう》・桂陽《けいよう》の両郡で、郭石《かくせき》と周期《しゅうき》が反旗を翻して、区星に呼応した。やがて孫堅は区星を破ると、郡境を越えてこれを討伐し、荊州南部、現在の湖南省あたりの反乱をすべて鎮圧した。孫堅が烏程侯《うていこう》に封じられたのは、このときのことである。

初平元(一九〇)年、甘粛《かんしゅく》の軍閥董卓《とうたく》(?~一九二)が都洛陽を乗っ取って、横暴をきわめると、各地の州・郡の刺史や太守、執政官は手兵を率いて反董卓の挙兵に立ちあがった。盟主

孫堅とその長男・孫策

は渤海《ぼっかい》太守の袁紹である。孫堅もこれに参加して、一路北へ、都をめざして進撃した。途中、魯陽《ろよう》（河南省魯山県）で袁紹の従弟、袁術《えんじゅつ》と会見、破虜《はりょ》将軍の称号をあたえられ、予州刺史となる。

董卓がこのときいちばんてこずったのは、袁紹の同盟軍ではなく、その別動隊として、魯陽からまっすぐに北進してきた勇猛な孫堅軍であった。董卓は麾《き》下《か》の将軍、李傕《りかく》を使者として孫堅のもとへ派遣したが、孫堅はこれをきっぱりと断った。

「卓は逆天無道にして、王室を蕩覆《とうふく》す。いま、汝が三族を夷《たい》らげて、四海に懸《かか》げ示さずんば、吾は死すとも瞑目《めいもく》せじ。豈将《あにも》て乃《なんじ》と和睦せんや」

孫堅が洛陽から九〇里（約三六キロメートル）離れた大谷《だいこく》まで軍を進めると、董卓はこれを恐れて、西の長安に後漢の献帝を擁して都を移した。そのさい、洛陽の街を焼き払い、漢室の陵墓を荒らした。孫堅は洛陽に入ると、荒廃した陵墓を修復し、漢の国璽《こくじ》を手に入れて、いったん魯陽に引き返した。

初平二年、袁術は、そのころ荊州刺史としてあらたに赴任してきたばかりの劉表を攻撃して、荊州全域を手にいれようとたくらみ、かねて昵懇《じっこん》の間柄で、魯陽に駐屯を許していた孫堅に命じて、劉表征伐に進発させた。

劉表も部下の黄祖《こうそ》に命じてこれを迎え撃たせた。孫堅は黄祖を撃破したが、勝ちに乗じて、黄祖を深追いした。漢水を渡河し、ついに荊州の都襄陽を囲んだ。しかし、そのとき一騎で峴《けん》山《ざん》に登って敵情を視察せんとしたところを、黄祖の部下に矢を射かけられて、あっけなく死んでしまった。時に孫堅は三六歳であった。

のちに孫権が呉国を建てて帝位についたとき、父の孫堅にたいして武烈皇帝と諡《おくりな》した。

❖断金の契りを結ぶ

孫堅には四人の息子がいた。長男の策《さく》を筆頭に、二男の権、それに翊《よく》、匡《きょう》がつづいていた。もちろん孫堅の跡目を継いだのは孫策（一七五〜二〇〇）であった。孫策は、字《あざな》を伯符《はくふ》といった。なかなかの快男児であり、よく冗談をとばし、こだわりなく人の意見を聞き、進んで人材を登用した。そんな人柄であったから、地位の上下を問わず、いちど彼に会った者は誠心誠意を尽くして、彼のためなら一命を投げだす気になったという。

孫堅が死んだとき、孫策は一八歳の青年であり、当時にすれば一人前の若者であったが、父の孫堅は予州刺史、烏程侯とはいえ、名ばかりで、実質上は袁術麾下《きか》の一部将にすぎず、これという遺産もなかった。のちに、赤壁の戦いで呉の名将として、天下に雷名をとどろかすことになる、あの程普《ていふ》・黄蓋《こうがい》・韓当《かんとう》らの孫堅の旧臣がのこったほかに、母をはじめとする家族を抱えていただけであった。

父孫堅の中核部隊といえば、その死後、孫策の従弟の孫賁《そんふん》に率いられて袁術に帰属し、その直接指揮下に入っていた。孫策は江北の寿春から舒県《じょけん》にかけての任俠集団を組織し、自分の私兵を独力でつくりあげるしかなかったのである。さらに母方の叔父にあたる丹陽郡長官の呉景《ごけい》の協力を得て、やっと兵士数百人を募集することができたというのが、実情であった。

孫堅の遺体を呉の曲阿《きょくあ》に埋葬した孫策は、長江を北に渡り、なじみのある徐州の江都に居を定めた。

さきに孫堅が黄巾の乱で義兵を挙げたとき、孫策兄弟を母とともに廬江《ろこう》の舒県に移り住まわせたことがある。舒県は、孫策と同年でのちに断金の契りを結ぶことになる周瑜《しゅうゆ》の生まれ故郷であった。

周瑜（一七五～二一〇）は字を公瑾《こうきん》といい、その地の名家の出であった。父の周異《しゅうい》は洛陽県の知事を務め、父方の祖父の兄弟にあたる周景《しゅうけい》とその子の周忠《しゅうちゅう》は大尉、つまり軍務大臣にまでなった人物である。周瑜もまた名家の貴公子にふさわしく、りっぱな体格をもち、美しく整った容貌であったという。孫策が舒県に移住して以後、二人はたちまち意気投合して、無二の親友となったのである。

興平《こうへい》元（一九四）年、これまでの父とのかかわりから孫策は袁術の配下についた。袁術は彼の人物をみこんで、孫堅の旧臣を孫策の手に返した。このさい、袁術は孫策に九江郡の太守のポストを約束した。ところがいつまでたっても、その約束をはたさないので、孫策は前途に希望を失っていた。

そのころ、長江の南岸は、揚州刺史の劉繇《りゅうよう》が曲阿《きょくあ》に居城を定めて、長江北岸の寿春による袁術と対立した。この形勢をみてとった孫策は劉繇平定に尽力したいと、袁術に願い出た。じつはこれが、孫氏による呉の建国のきっかけをつくることになったのである。

袁術はさっそく孫策に殄寇《ちんこう》将軍の称号を加えると、一〇〇〇余の兵卒と騎馬数十頭を貸しあたえて、その願い出を許した。孫策はこれに、わずかばかりの旧臣を率いて長江を渡河し、敵をことごとく薙《な》ぎ倒した。孫策は出迎えた周瑜をみて、大喜びしていった。

「君がいれば、鬼に金棒。我が志もかなうだろう」

孫策の攻撃を受けた揚州刺史の劉繇は部下を見捨てて曲阿から敗走した。孫策は曲阿を落とすと、そのまま浙江省にわたり、会稽を根拠地と定め、さらに南方の東冶《とうや》を平定し、翻《ひるがえ》ってまた、劉繇の残党を討ち滅ぼした。

孫　策

こうして孫策の本格的な江南進出作戦が始まったが、軍規整然としての一つとしてそれを犯すことはなかった。降伏する者は、前歴をいっさい不問に付したし、従軍を希望する者があれば、その一家は賦役《ふえき》を免除してやったので、旬月の間に四方から将兵が雲集したという。すでに兵力二万、馬は一〇〇〇頭を超え、その威風は江東を震わせるほどになった。

❖独力で呉の領土を築く

これで、揚州、会稽など江南の諸郡を手に入れた孫策は、郡の諸官を自分の認可で、あらたに任命することにした。まず、みずからは会稽郡の太守となり、伯父の呉景を丹陽郡の太守に、従兄の孫賁《そんふん》を予章郡の太守に、孫賁の弟孫輔《そんほ》を新たに設けた廬陵《ろりょう》の太守に、周瑜を江夏《こうか》郡の太守にすえるなど、ほぼのちの呉国の基盤はこのときに、孫策によってつくられたことになる。

さらにあらたに張昭・張紘《ちょうこう》・秦松《しんしょう》・陳端《ちんたん》らの参謀役が、彼の幕下に加わり、これで、孫氏による江南支配は揺るぎないものとなった。

いままで父の時代から従属を強いられてきた袁術のもとを離脱し、いまや袁術を上回る領土と勢力を、孫策は独力で構築することに成功したのである。

おりから袁術が帝号を僭称《せんしょう》した。孫策はこれをしおに、袁術をなじる書状を送り付け、彼と絶縁することにした。建安二（一九七）年のことであった。

これを知った曹操はたいへん喜び、上奏して孫策を討逆将軍に任じ、呉侯に封じている。

当時、曹操は献帝を擁して中原の地を制していたものの、河北の地には袁紹が盤踞《ばんきょ》し、その勢力は強大であった。まだ、両者が雌雄を決する時期にはいたっていなかったが、いずれ近いうちに、その機会はかならずくると考えていた曹操は、そのとき北上する曹操の背後を孫策から襲われてはひとたまりもないことを、百も承知であった。しかも、いまや孫策の江南制圧はあなどり　　がたい新勢力の台頭を意味し、当面これにたいしては、懐柔策を取るのが得策だと、曹操は考えていた。

そこで曹操は孫氏と姻戚関係を結び、弟の娘を孫策の末弟孫匡《そんきょう》に嫁がせ、孫賁の娘を曹操の息子曹章《そうしょう》の嫁に迎えた。それに、孫策の弟孫権、孫翊《そんよく》を名誉職に任じ、とりわけ孫権を官吏候補生として茂才《もさい》に推挙した。

建安五（二〇〇）年、曹操は袁紹と官渡において血みどろの戦をおこなっていた。

天下制覇の野望を抱いていた孫策は、このとき、曹操の本拠地である許《きょ》の都を襲い、後漢の献帝を迎え入れる密計を立てていた。すでに出撃態勢も整い、あとは許へ進発するばかりとなった決行直前に、計画は挫折した。孫策が殺されたのである。

孫策はもと呉郡太守の許貢《きょこう》を殺していた。その子は年少であったので、許貢の妻は食客《しょっかく》をやとって、孫策の命をねらっていた。長江のほとりを単身で馬を駆っていた孫策を待ち受けていた食客の一撃で、あっけなく倒れたのである。

孫策は瀕死《ひんし》の状態のなかで、張昭らの参謀を呼び寄せて遺言した。

「いま中国は騒乱のただなかにある。呉と越の精鋭と長江という天然の要害を頼みとすれば、天下をうかがうこともできるであろう。わしなき後は、しっかりわが弟孫権をもり立てていけ」

孫策はまた孫権にむかっていった。

「江東の兵衆を率いて、チャンスに乗じて中原の地で決戦し、天下の権を争うことでは、おまえはわしにはおよばない。しかし、賢者を用い才能を重んじ、おのおのその心を尽くさしめて江東を保持していくことでは、わしはおまえにかなわない」

孫策はよく弟をみていた。二六歳の惜しまれる死であった。

二　孫権をささえた若き賢能の士

❖方頤大口、目に精光有り

建安五（二〇〇）年、孫策が死ぬと、後事はすべて弟の孫権にゆだねられた。孫権は一九歳になっていたが、頼りきっていた兄の死はこたえた。しかも、ゆきとどいた遺言を聞いて、孫権は、いまさらのように兄の偉さにうたれた。彼は大声をあげて兄の死を哭《こく》した。

孫策の旧臣に張昭《ちょうしょう》（一五六〜二三六）がいた。字は子布《しふ》、彭城《ほうじょう》の出身で、若い時から衆書を博覧し、『春秋左氏伝解』『論語注』などの書物を著して名をあげていた学者でもあった。徐州刺史陶謙の招きを断って怒りを買い、拘留されたこともある。黄巾の乱が起きると、中原の人々は荊州、いまの湖北省・湖南省に逃れたが、山東や徐州の人々はだいたい江南地方に逃げ延びた。山東にいた諸葛孔明の兄の諸葛瑾がそうであったし、張昭も北方からの江南移住組であった。興平元（一九四）年、三九歳のとき、孫策が呉越の地に足場をきずいたので、その参謀となる。

孫　権

この張昭が、孫策の死を悲しんで泣きやまぬ孫権を叱咤《しった》していった。

「いまは泣いている場合ではありますまい。そのむかし、喪服の礼法を定めたのは周公ですが、その子の伯禽《はくきん》は、喪服中に外敵は侵入してくると、父の定めた礼法を破って出陣しました。身内の死を悲しむあまり、喪礼に気を奪われているのは、門扉《もんぴ》を開いて盗人を誘いこむようなもので、仁者の行為とはいえませんぞ」

かくて張昭は孫権の喪服を脱がせて軍服につけかえさせると、騎馬に乗せ、全軍の視察にあたらせた。

孫権が孫策の跡目を襲ったときは、兄の孫策が父の孫堅のあとを継いだときとくらべると、問題にならぬほど恵まれていた。会稽・呉郡・丹陽・予章・廬陵などの郡を領有していたし、張昭・周瑜《しゅうゆ》らの謀臣が孫策死後もそのまま孫権を固めていた。

孫権は父の孫堅がまだ徐州の下邳《かひ》県の副知事を務めているときに生まれた。

権生まる。方頤大口《ほういたいこう》、目に精光有り。堅は之を異《あや》しみ、おもえらく貴象《きしょう》有りと。

これも『江表伝』の記事であるが、角ばったあご、大きな口、目がまことに生き生きと輝いている。その顔をみて、父親の孫堅は思った。

「これは高貴の相だ。将来が楽しみだ」と。

漢の献帝は、孫策が遠隔地の江南からたえず貢ぎ物を贈りとどけてくるのを嘉《よみ》して劉琬《りゅうえん》なる者を使者に立てて恩賜《おんし》の品を下したことがある。そのさい、劉琬は供の者にこういった。

「吾、孫氏兄弟を観るに、おのおの才秀でて明達すると雖《いえど》も、然るに皆禄祚終《ろくさきわ》まらず。ただ中弟の孝廉（孫権）のみは、形貌奇偉《けいぼうきい》にして骨体恒《つね》ならず、大貴の表《おもて》有り。年また最も寿《なが》し。爾《なんじ》、試みにこれを識《しる》せ」

禄祚とは生まれつきの運、天運天禄といったところ。それが孫策兄弟にはもうひとつ足りないが、孫権だけは例外だ。容貌といい、骨格といい、あれは帝王にのぼる相をしており、寿命もながいと、みたというのだ。

孫策は天下制覇の決戦ならば、弟よりもおれのほうだと、遺言のなかでいっているが、さきの『江表伝』では、作戦会議で孫権が出す意見には目をみはるものがあったという。性格は明朗で、思いやりがあり、そのうえ、人の将たる者に必要な決断力に富み、俠客志士を幕下に養い、はやくもその大きな器量の片鱗《へんりん》をのぞかせていた。これからしても孫策の死後、そのまま、彼の謀臣がそろって孫権の左右を固めたのは、自然の趨勢《すうせい》だったといえるであろう。彼らは、孫権をともに大事業を達成するにたる英傑とみこんで、進んで、わが身をゆだねたのである。

❖進取の覇気に富む

孫策がそうであったように、孫権は討虜将軍と称し、会稽太守を正式に朝廷から拝命した。張昭を最高顧問にすえ、亡兄の義弟周瑜と老将の程普に軍事をゆだねた。あらたに周瑜の推薦で魯粛《ろしゅく》（一七四〜二四二）、それに孔明の兄の諸葛瑾《しょかつきん》（一八二〜二六四）も、その幕客に加えられた。孫権は広く人材を求め、名士を招いた。

ここで、もういちど、兄の孫策が孫権にいいのこしたことばを、思いおこしていただきたい。

賢を挙げ、能を任んじ、おのおのその心を尽くさしめ、以て江東を保つは、我は卿《きみ》にしかず。

魯　粛

孫権が覇者たりえた条件のうち、最大なものは、「賢を挙げ、能を任んじ、おのおのその心を尽くさしめ」る見識と器量をもっていたことにあるだろう。とりわけ、彼は、彼とともに、時代の空気を鋭くかぎとることのできる同世代の賢能の士を広く集め、彼らに絶対の信頼を寄せている。ともすれば冷や水を浴びせかねない宿老《しゅくろう》にくみすることなく、彼ら若き世代の建て前にとらわれずに、ずばり現実の本質をついた意見を積極的に取り上げ、擁護した。このことを言い換えれば、孫権が進取の覇気《はき》に富む人物であったことになるだろう。それが、孫権を覇者にまでおしあげたのである。

孫権政権が誕生してから、その外交方針を定めるに力のあった人物といえば、魯粛であろう。周瑜が推挙しただけあって、孫権は会見の席で、他の賓客《ひんきゃく》といっしょに魯粛をよび寄せて、話してみて、なかなかの人物だとみた。それで、賓客が退いたあとで、彼だけをよび戻し、差しで酒を酌み交わしながら、孫権がまず問いかけた。

「いま、漢室傾危し、四方は雲のごとく擾《みだ》る。吾、父兄の余業を承《う》けて、思いは、桓《かん》・文《ぶん》の功に有り。君、既に恵顧《けいこ》すれば、何を以てか、之を佐《たす》けん」

父や兄のはたせなかった事業を受け継いで、むかしの斉の桓公や晋の文公が覇者となって、周王室を補佐したように覇業を立てたいが、どうすればそれができるのか、すでに、恵顧つまり面識を得たので、どうか教えてくれと、もちかけた。

魯粛から返って来た答えはこうであった。

「わたくしめがひそかに考えまするに、もはや漢の帝室は復興できません。そうかといって曹操を早急に取り除くことも不可能です。そこで将軍のためにお諮《はか》りするならば、この江東の地にしっかりと安定した根拠地をつくっておいて、天下に雄飛する機会をうかがうのです。この方針さえしっかりしておれば、また自然に道が開けるでしょう。なぜなら、北方勢力はあまりにやるべきことがたくさんありすぎる状態なので、このすきをついて、父君孫堅を殺した黄祖《こうそ》を滅ぼし、荊州の劉表を征討し、長江全域を支配下に収めたうえで、帝王を名乗って、天下を掌握する。これこそ漢の高祖劉邦《りゅうほう》の大事業にも匹敵いたすことになりましょう」

孫権はいった。

「いま、力を一方に尽くすは、以て漢を輔《たす》けんことを冀《ねが》うのみ。此の言、及ぶ所に非《あら》ざるなり」

そこまでは、とても自分の力のおよぶところではないと、孫権は魯粛の意見をおさえて、覇者となり、漢室を再興するという建て前論を割り切っていた。ずばり現実の本質をつき、呉の孫権みずからが帝王たれといって、建て前論を切り捨てている魯粛が、魏の荀彧《じゅんいく》、蜀の諸葛孔明と決定的に違うところは、このあたりである。

魯粛には、後漢末「清流」派知識人の思想の骨格を形成していた漢室再興の志はなかった。いまやそれは現実的に空論だとみていたのである。それだけ、魏の曹操の力を正当に評価していたことになる。荀彧の場合は、曹操に覇業を達成できる覇者としての十分条件を認め、それを後押しするかたちで仕えてきただけに、曹操が覇者の枠を超えて、みずから、帝位をうかがう段階になると、その「清流」派知識人としての立場は苦しくならざるをえない。曹操に仕えること自体に矛盾がでてきたからである。結果は荀彧の自殺というかたちで悲劇的な幕を閉じることになる。孔明の場合は、劉備が漢室の一族だという意識があるから、比較的容易に「清流」派知識人の思想を貫き通すことができたのだ。

孫権がいくら覇者たらんとしても、曹操と五十歩百歩だ。野望は漢室に代わって天下を制することにある。それをあからさまにいわないだけだ。孫権は新しい世代に属する魯粛の発言を聞きながら、旧世代の人間、たとえば最高顧問の張昭あたりでは、なかなかこうもずばりと、現実の本質をおさえることはできないだろうと考えた。それでもなお孫権はいちおう建て前論を吐いたものの、この男、よくよくおれの本心をみぬきおるわいと、魯粛に感心した。

この初対面のときから、孫権の魯粛への信頼は、最後まで揺らぐことはなかった。新参の魯粛が重用されるのをみて、宿老の張昭はおもしろくなかった。孫権にたいして口を酸っぱくしていった。

「粛は年少《わか》くして麤疎《そそ》なり。いまだ用うべからず」

こういわれても、孫権はいっこうに意に介する風はなく、柳に風と、受け流していた。

❖有能な新参の士を重用

こうした有能な新参の士にたいする孫権の信頼は、ひとり魯粛のみにかぎらなかった。孔明の兄の諸葛瑾《しょかつきん》にたいしても、そうであった。蜀への使者としてたびたび出向くうちに、彼は孫権を裏切って劉備と内通していると吹きこむ者が出てきたが、孫権は即座に否定した。

「わしと諸葛瑾とは固い約束を取り交わし、生涯にわたって破らぬと誓い合った仲だ。あの男にかぎって、わしに背くようなことはない。それは、わしがあの男に背かないのと同じだ」

孫権の諸葛瑾への信頼はかくも厚かった。ここまでトップが部下を信頼していては、部下がトップを裏切ることはとてもできることではない。

山東から義母をともなって江南の地に避難してきた諸葛瑾は、孫権の姉婿にあたる曲阿《きょくあ》の城主弘咨《こうし》に認められて、その紹介で孫権に仕えるようになったが、その人柄の純一なところを買われて、孫権と「死生不易の交わり」を誓い合う間柄となった人物。瑾は孫権をよく補佐した。

孫権と下臣との結びつきには、男だての世界に通じる義のモラルが生かされていた。用いたからには、相手を疑わないで、最後まで信頼しとおすところが孫権にあり、彼の部下もまたその信頼にこたえて奮起し、結束したのである。孫権が覇者たりえた最大の条件は、江南という広大な沃野を抱え、長江という天然の要害に守られていたとするいわゆる自然条件をここでは除外して、人間的条件だけにかぎるならば、やはりなんといっても、孫権の個性ある有能な人間への信頼が生みだした、俠客的集団の「おのおのに心を尽くさしめる」固い結束力にあったといえるだろう。

魯粛が「呉下《ごか》の阿蒙《あもう》」と呼んだ男がいる。呂蒙《りょもう》（一七八～二一九）、字は子明《しめい》、河南の汝南郡富陂《ふひ》の人である。魯粛より五歳上であった。孫堅、孫策に仕え、一五歳のときから従軍した歴戦の勇士であった。これをつかまえて知謀の士の魯粛が「呉下の阿蒙」、つまり「呉の蒙ちゃん」といささか侮蔑をこめて呂蒙をよんだのは、実戦にだけ場数をふんできた人物だとみていたからである。

この呂蒙と蔣欽《しょうきん》に、孫権が学問のすすめをおこなったことがある。蔣欽も呂蒙と同じ呉の実践派の部将で、孫策に従って、数々の戦功をあげていた。

「おまえたちは、いまやともに出世して人の上に立つ存在になった。これからは学問をして、自分啓発につとめねばなるまい」

「なにぶん陣中にあっては軍務多用に忙殺されていまして、とても読書までが手が回りません」

こう呂蒙がいうと、孫権は、

「わしはなにも経典をマスターして、その道の博士になってもらいたいと思っているのではないのだ。ひととおり書物をあさって、過去の事例を知っておいてほしいのだ。多忙というが、わしのつとめとくらべてどうだろう。わしは若いころに、『詩経』『書経』『礼記《らいき》』『左伝』『国語』をつぎからつぎに読んでいったが、『易経』だけは読まなかった。政務をとるようになってから、三史三冊の歴史書、『戦国策』『史記』『漢書』と諸家の兵法書を読んだが、大いに得るところがあったと思う。おまえたちは意志が強くさとりが早いほうだから、学べばかならず、それだけのことはあるはずだ。やらぬ手はないぞ。孔子は、『終日食らわず、終夜寝《い》ねず、以《もっ》て思うも益無し。学ぶにしかざるなり』といっている。後漢の光武帝も兵馬の間にも書物を離さなかった。曹操も老いてますます学問を好むという。おまえたちだけ、学問につとめないで、のほほんとしていいはずはないぞ」

ここまで、孫権にいわれて、呂蒙はこたえた。その後、呂蒙は学問をしっかりと身につけ、魯粛は「呉下の阿蒙」とよぶことをやめたという。

けっきょく、若き呉の盟主孫権をささえ、彼の覇業を達成にみちびいていったのは、周瑜、魯粛、諸葛瑾、それに呂蒙、陸遜《りくそん》といった若き世代の賢能の士であった。三国志時代の覇者はいずれも学問を修め、学問を奨励した。とりわけ、孫権が実践派の部将に学問のすすめを熱心にといているのは、ほほえましい。これも孫権に進取の覇気があったからである。

孫権にこの進取の覇気があったからこそ、若い賢能の士の鋭い現実洞察力を信頼し、それを活用できたのである。それは、すでに目前に差し迫っていた「赤壁の戦い」の場で、もののみごとに実効をあらわすことになる。

三　赤壁の戦いに臨む孫権

❖降伏論に傾く家臣団

建安一三（二〇八）年といえば、孫権は二七歳。兄の孫策が亡くなって八年たった時期にあたる。このとき孫権のもとにおそるべき情報が伝わってきた。魏の曹操が荊州を抜いた余勢をかって、一気に長江を攻めくだって、呉を討ち、天下制覇の野望を遂げる準備にかかっているというのだ。その兵力は八〇万。しかも鍛え抜かれた荊州の水上軍を、その戦艦ともども吸収したとのことである。

このうわさを耳にしただけで、孫権の家臣団は震えあがった。そこへ、孫権のもとに曹操から一通の書面がとどけられ、

「ちかごろ、勅命《ちょくめい》を奉じて荊州の罪を懲《こ》らしめるために南征したところ、その刺史劉琮《りゅうそう》は降伏した。いまやわが水軍は八〇万。これより孫権将軍と呉の地で狩りを楽しみたい」

これは、明らかに挑戦状である。孫権は急ぎ、会議を開き、その書面を部将たちに示した。

これに目を通した文臣、部将のおおむねは、色を失い、孫権に降伏を勧めた。

「曹操は豺《さい》や虎のような男。しかしながら、その曹操が漢の宰相を名乗って、天下を擁し、四方を征討するに勅命だという。したがって今日、それを迎え撃てば、逆族となるのは必定。さらにわが方にとって、長江は曹操を防ぐ唯一の頼みでありますが、いま曹操は荊州をたちまちおさえ、劉表が育てた水軍を吸収し、一〇〇〇を数える戦艦はすべて曹操の手に帰しました。彼はその戦艦をことごとく長江に浮かべ、陸路の歩兵ともどもに水路を攻めくだろうとしています。もはや長江の険はわが方だけのものとはいえなくなりました。しかも、彼我における勢力の衆寡は論ずるまでもありません。曹操を迎えて降伏するほか道はないと考えます」

この降伏論は荊州の劉琮を取り巻く謀臣のなかで吐かれたものと大差はなかった。その中心にいるのが、宿老の張昭である。動乱を逃れて呉に移住した徐州の名士であった。こうした名士は漢王室の権威にもろい。反逆者とよばれることを極度に恐れてもいた。

会議の席上でただ一人魯粛《ろしゅく》だけが沈黙していた。孫権は厠《かわや》へ立った。つづいて魯粛が席を立ち、渡り廊下に出た。孫権はふり返って魯粛の手をとって尋ねた。孫権はもとより降伏論に不満であった。魯粛は、ただいまの論議は孫権を誤らせるもので、ともに呉国の危機を議する輩《やから》ではないとして、衆議に惑わされることなく、一刻も早く徹底抗戦のご決断をなさるのがよいと進言した。

魯粛が口をつぐんでいたのは、張昭などの宿老からかねがね新参者のくせにでしゃばりおってといわれて、大事な議論が一笑に付されるのを恐れたからであった。こういうとき、宿将の間でも一目二目もおかれている周瑜《しゅうゆ》がいないのが惜しまれた。彼ならば、頼りにできるしっかりとした正論が吐けるのだ。

❖魯粛・周瑜の抗戦論

よくぞいってくれたと、もういちど強く魯粛の手を握りしめた孫権に、魯粛は鄱陽《はよう》にいる周瑜を急ぎ召還するようにすすめた。

鄱陽から柴桑《さいそう》に帰ってきて、さっそく会議に臨んだ周瑜は、孫権と魯粛の期待どおりに、抗戦論をぶちあげた。

「曹操は、漢の丞相に名を借りた逆賊にほかなりません。将軍はたぐいまれな武勇と知略をおそなえのうえに、父君と兄君より受け継がれたこの広大な沃野の地を有し、えりぬきの勇士どもと、命をまともに戦う大将たちをそろえておられるのです。その力をもって天下を駆けめぐり、漢室の再興のために逆賊どもを取り除こうとされてこそ当然です。逆賊曹操が死地に飛びこんできたいま、これに降伏するなど言語道断と申さねばなりません」

これで、まず降伏論をとなえていた連中の出鼻をくじいておいて、かれの戦略を展開した。

曹操との決戦にむけて決意を示す孫権

まず数において優勢を誇る曹操軍の中身を意外と弱体であると周瑜は説いた。北方の曹操軍は、水上戦は不慣れでとうてい自分たちの相手ではないこと、華北の地では馬超《ばちょう》・韓遂《かんすい》らが、南征中の曹操の虚《きょ》を突こうとねらっていること、遠征の疲れがちょうど出るころあいで、とりわけ風土のちがいから病人が続出するのは目にみえていること。これらは、いずれも兵法のタブーを犯しての挑戦だから、勝算はわれわれにありというのだ。そして周瑜は五万の精兵をおあたえくだされば、夏口《かこう》に布陣して、曹操軍を打ち破ってみせますと結んだ。

これにこたえて、孫権はいった。

老賊(曹操)は漢を廃し自立せんと欲すること久し。ただ二袁・呂布・劉表と孤《われ》を忌《い》むのみ。いま、数雄すでに滅び、ただ孤《われ》のみなお存す。孤《われ》と老賊とは、勢い両立せず。君、撃つべしと言うは、甚だ孤《われ》と合す。これ天の君をもって孤《われ》に授くるなり。

こういい終えると、孫権は刀をひきぬいて眼前の机の端を切り落とし、居並ぶ臣下たちに向かってどなりつけた。

「よいか、これから二度と、わしに曹操へ降れという者があれば、この机と同じ運命になると思うがいい」

これが、若き盟主の決断であった。張昭をはじめとして投降論にまとまりかけていた文官と部将たちは、度胆をぬかれて平伏《へいふく》した。

孫権にも迷いがなかったわけではなかった。いちどは、降伏論が大勢を占めていたからである。それがいちじるしく孫権の誇りを傷つけていた。広大な江南の地を手に入れたのは、ぬれ手で粟ときたのではない。孫堅と孫策の二代にわたって、忍従と妥協を強いられながらも、みずからの額に汗して闘い取ってきたものである。その苦心の経営を、父や兄とともに従軍して、とくと目にとめてきた孫権であった。それをむざむざと、曹操に渡してなるものかという意地が孫権にあった。そこが荊州刺史の劉琮とは決定的にちがっていた。

❖戦うことを決断する

たとえ、周瑜と魯粛の抗戦論が堂々の布陣をみせても、孫権にこの意地と誇りがなかったならば、呉を挙げて曹操を迎え撃つ手はずはできなかったはずである。トップはつねに孤独な決断を迫られるものである。孫権の覇者としての決断を助けたのは、周瑜であり、魯粛であったが、なによりも孫権の英知と誇りがなければ、この少数派ともいえる抗戦論に呉を挙げて一丸となって結束させることは不可能であったにちがいない。

孫権はこのときはっきりと、彼が進取の覇気の富む盟主であることを、臣下に印象づけることができた。これは成功だった。降伏論に傾いていた者たちさえ、あっぱれ盟主の覇気に押されて、逆に奮い立つことになったからである。

このときの孫権には、降伏論をとなえた張昭や秦松《しんしょう》たちが、おのれの妻子と身の安全ばかりを考え、国の将来を展望できない「刀筆《とうひつ》の吏《り》」にすぎないと映った。事実、孫権は周瑜にそう漏らしていた。しかし、だからといって、それで彼らをとがめだてすることはなかった。その後もそれぞれの分に応じて彼らを活用している。国家社会の大事に関して、議論が二手に分かれても、しこりをのこさず一つの結論に向けて、構成員のエネルギーを結束させていく組織力が、孫権の覇者としての魅力であった。

周　瑜

抗戦と結論が出たその夜、孫権は周瑜とひざをまじえて、打ち明けたところを語り合って、作戦の大筋を立てた。

「いま、にわかに五万の兵力を集めるのはむずかしいが、すでに三万の精兵をよりすぐっている。船舶・糧秣《りょうまつ》・武器も準備はできている。そなたは魯粛と程普《ていふ》とともに、先陣として進発せよ。成算有りとみたら存分にやってくれ。戦ってみて、思うようにならなかったならば、引き返してわしと合流するがよい。そのときこそわしが、曹操と雌雄を決してやる」

周瑜は精兵五万を要求したが、孫権が先陣として出兵できる兵力は三万が限界だったのだ。曹操は八〇万と称しているが、実数はせいぜい一五万の兵力だと、周瑜はみこしていた。五万の精鋭であたることができれば、水上戦に慣れた味方のことだからなんとか勝てるとふんでいた。ところが、孫権は三万で迎え撃てというのだ。五分の一の兵力である。周瑜に成算はなかったが、もうここまできては死力を尽くして、敵にあたるしかなかった。

ただ、孫権は周瑜にけっしてむりはいっていない。予想外に敵が強力であるときには、戻ってきて自分と合流せよと命じている。そのときおれが先頭に立って、曹操と雌雄を決するというのだ。実戦経験のとぼしい無責任な盟主であれば、こうした発言はできないはずだ。三万でなんとかしのいでくれ、そうしてくれれば最後の締めくくりを自分の責任ではたすという覚悟を、孫権はみせたのだ。これで、周瑜は勇躍三万の兵を率いて、長江をさかのぼって夏口に進出した。この若き盟主の男らしい覚悟が、赤壁の戦いを勝利に導く一つの要因となったことはまちがいない。

❖敵情認識で一致

そのころ、劉備は鄂《がく》県の樊口《はんこう》で、呉の水軍の到着を、いまかいまかと待ち受けていた。さきに身を寄せていた荊州が曹操のまえに屈伏したとき、劉備はやむなく南下して避難したが、曹操の執拗《しつよう》な追撃にあって敗走する途中、魯粛に会って孫権を頼ることにしたのだ。すでに魯粛のすすめで、諸葛孔明は孫権のもとに使者として出向き、劉備と協力して曹操の大軍にあたれと、熱弁をふるった。孔明が説いた、曹操の大軍の弱点をとらえ、その虚をつく戦略と展望では、不思議なことに、のちに周瑜がぶちあげた徹底抗戦論の根拠するところと、ほぼ一致していた。いまだ孔明と周瑜はいちども出会っていなかった。だが、一つの状況にたいする二人の知者の卓抜《たくばつ》な敵情認識の一致に、孫権は舌をまかざるをえなかった。

しかしながら、孫権も周瑜も劉備が頼りになる味方だとはあまり考えてなかったようである。

呉の運命を議した席上でも、孫権と周瑜だけの密談の席でも、劉備の力は計算に全然入っていないし、話題にもなっていないからであった。小説『三国志演義』はいざしらず、少なくとも、史書をみるかぎりではそうである。

してみると、孫権は使者の孔明の水際立った応対とそこでみせた見識には驚嘆したが、敗将劉備の残党勢力なぞは歯牙にもかけていなかったことになる。劉備軍にたいしては、いないよりもましだという程度の評価でしかなく、あくまで自力で戦いぬく魂胆《こんたん》であった。

樊口で劉備が曹操軍南下の知らせを受けて、気が気でなく、孫権からの援軍到着を首をながくして待ち受けているところに、周瑜の率いる呉の船団がようやくやって来た。劉備は周瑜の舟に出向いてあいさつをしたうえでたずねた。

「ところで軍勢はいかほどなりや」

「三万人でござる」

「それでは、いささか少ないのでは」

「いえ、三万で十分です。劉備殿は、わたしが曹操を打ち破るのを、ごゆっくりご見学ください」

この会話は『三国志』蜀書の先主伝に出てくるものだが、劉備は周瑜の答えを聞いて、自分の軽率さを深く恥じいり、周瑜のりっぱな軍人ぶりにほれこんだと、史書は伝えている。

赤壁の戦いの現場　湖北省咸寧市赤壁市。周瑜の率いた呉軍の陣はこの岸側にあり、対岸の烏林《うりん》に曹操が軍を留めた。（アフロ提供）

これからみても、周瑜は劉備に助成を頼まず、呉軍の自力で曹操を打ち破るつもりで、その心意気をみせたのだ。これは盟主孫権も同じであった。この自力主義が、赤壁の戦いの勝利につながった。

赤壁の戦いは、孫堅挙兵いらい、戦場を駆けめぐってきた呉の老将黄蓋《こうがい》の火攻めの奇計にはまった曹操軍のあっけない惨敗で終わった。船団を焼き払われて陸に上がった曹操は、周瑜と劉備の追撃を必死にかわしながら、側近と親衛隊に守られて、荊州の根拠地江陵まで逃げ延びた。かくして曹操の天下制覇の野望は打ち砕かれたのである。

結束固い孫権団の完全な勝利であった。

四　流転めまぐるしい外交策

❖周瑜の死と魯粛の登場

建安一五（二一〇）年に、孫権がもっとも信頼し、赤壁の戦いで事実上主役を演じて、曹操を敗退させた周瑜が巴丘《はきゅう》、いまの湖南省岳陽《がくよう》県で死んだ。三六歳の働き盛りであった。

赤壁の戦いの直後、周瑜は荊州における曹操の根拠地江陵を攻め、一年間におよぶ激烈な戦闘のすえに江陵とその以東の広大な土地を確保した。孫権は周瑜を南郡太守に、程普《ていふ》を江夏太守に、呂蒙《りょもう》を尋陽の令に任じ、長江一帯の守りを固めた。

これと時を同じくして、劉備は、現在の湖南省のなかに含まれる武陵・桂陽・零陵・長沙の四郡を侵略し、勢力を南方に伸張した。じつはこの四郡は曹操が荊州を南征したおりに、曹操の支配下に入っていた。劉備はもと荊州刺史の劉表の長男劉琦《りゅうき》を荊州刺史となし、旧領の安《あん》堵《ど》につとめていたが、まもなく劉琦が病死したので、みずから荊州牧を名乗った。そして湖北省の公安《こうあん》に駐屯した。ここにはじめて劉備は自分の領有地をもつことができたのである。しかも、ここを根拠地として、やがて益州、いまの四川省巴蜀《はしょく》の地に進出し、三国鼎立《ていりつ》の状況をつくることになる。

周瑜はつぎのような遺言を、孫権にのこしていた。

魯粛は、忠烈な人物であり、なにごとにも慎重であります故に、どうか臣なきあとは、いっさい魯粛にお任《まか》せください。むかしから、「人の死せんとするや、そのいうこと善し」と申します。幸いにわたしの進言が、将軍の採用するところとなれば、わたしも安んじて死ぬことができます。

周瑜の遺体が呉都に運ばれたとき、孫権はみずから蕪湖《ぶこ》のほとりに迎え出たうえ、葬儀のいっさいを自分の手でとりしきった。そして礼にのっとり喪服をつけた孫権は、棺のそばで号泣した。その嘆き悲しむさまをみて、感動しない部下はなかった。

孫権はもとより周瑜の遺言に異存はなかった。ただちに魯粛を奪武校尉に任命し兵権を統帥《とうすい》させた。周瑜の配下の兵士、およびその所領地のうち四県はそっくり魯粛が引き継いだ。南郡太守の後任には、江夏太守の程普が任命された。

魯粛は、周瑜とちがって劉備に好意的であった。彼は、曹操の脅威に備えて、このさい劉備に荊州を貸しあたえ、そこを鎮撫《ちんぶ》させるのが上策だと進言した。

かくして魯粛の登場によって、孫権の外交方針は大きく転換した。孫権はすでに劉備をあなどれぬ存在とみて、妹を嫁がせ、懐柔策に出ていた。孫権が劉備に荊州の地をあたえたと聞いて、大きなショックを受けたのは、曹操だった。これを知って、曹操は思わず手にした筆を取り落としたという。これが、魯粛の曹操封じこめ外交策であり、孔明が劉備に献策した「草廬《そうろ》対《たい》」の呉との提携外交に通じていた。それぞれ独自のもくろみで、曹操を牽制する策にでていたのである。

❖孫権に降伏を迫る

これに先んずること一年まえの建安一四(二〇九)年の春三月、孫権はみずから一〇万の大軍を率いて合肥《がっぴ》に進攻した。合肥は現在の安徽《あんき》省合肥市のあたりである。

もとより曹操にも、もし、合肥、廬江《ろこう》の防衛戦を守りきらねば、魏は淮水《わいすい》以北に退かざるをえないという認識があった。

曹操は、生まれ故郷の譙《しょう》県で、戦艦の製造を始めた。水軍を訓練する一方で、親しく合肥の前線基地を視察した。そればかりではない。淮南《わいなん》一帯に屯田制を施行し、水利工事をおこない、

石頭城　江蘇省南京市鼓楼区。212（建安17）年、孫権によって築かれた。（Alamy 提供）

糧食の生産を増して、淮南防衛の固めにかかった。
孫権はこれにたいして、建安一七（二一二）年の九月に都を京口、いまの江蘇省鎮江《ちんこう》から、西のかた沫陵《ばいりょう》、現在の南京市に遷し、そこに石頭城を造り、名を改めて建業《けんぎょう》とした。もちろん長江北岸の防衛をいっそう堅固にするためであった。

この翌年建安一八年の春正月になると、曹操は、すでに長安の西、関中地方に割拠していた馬超《ばちょう》らの諸軍閥を討伐し終わって、ひとまず背後の憂いを取り除いた余裕から、孫権を討つべく南征を決定した。

それにさきだって、書記官で詩人としても著名な阮瑀《げんう》に書状を代筆させて、孫権に送っている。

近年、譙県《しょうけん》で舟船を新造し水軍を訓練してきたのは、巣湖《そうこ》の形勢をうかがい、長江周辺の民衆を安心させんがためであった。わしのねらいは、貴殿がはっきり知っているはず。わがほうの勢力が弱く遠征に耐えられないので、長江によって守りを固め、安逸を求めるおつもりであろうが、そうは簡単にはいかないだろう。お得意の水軍作戦で、長江の険によっておれば、わが軍の長江渡河は不可能だとふんでおる様子だが、そう計算どおりにはいかないだろう。長江は広いけれど、東西に戦線がながく延びて、防衛しにくい弱点がある。貴殿がもし内に張昭を重用し、外に劉備を討ち、帰属の意志を行動で示されるならば、わしは貴殿に広大な江南地方をまかせ、高官の地位と高い爵位を授けよう。こうなれば、貴殿は栄誉を受け、わしは利益を得ることになり、おたがい非常によいではないか。

これは、孫権に降伏を迫ったものである。張昭を重用し、劉備を討てというのは、裏を返せば、曹操が魯粛と劉備の存在をいかに煙たがっていたかを知らせていた。孫権は笑った。

曹操は、みずから大軍四〇万を率いて、呉の最前線の基地である濡須口《じゅしゅこう》に進攻をかけてきた。濡須口は安徽省蕪湖市《あんきぶこし》を流れる河で、そこに孫権は出城を構えていた。

呂蒙は孫権にいった。

「曹操は、赤壁の痛い教訓を忘れたもようです」

「そのようだ。緒戦で徹底してたたきのめしてくれようぞ」

濡須口で迎え撃った孫権は、夜陰《やいん》に乗じて船で渡河してきた曹操が砂浜に降り立ったところを包囲して、数千人を溺死《できし》させ、三〇〇〇人を捕虜とした。これに懲りた曹操は戦線を整備して持久戦に出た。孫権もあせらず、ときおり挑発をかけた。

ある日、孫権は濡須の河に大型の船を出し、曹操軍の陣営を偵察した。曹操軍はいっせいに弩弓《どきゅう》で射かけてきた。そのおびただしい矢を受けた孫権の船は、矢の重みで片方に傾いた。これで船が転覆すると曹操軍にみえたところで、孫権はやおら船の向きを変え、反対の船側に弩弓の矢を受けてバランスをとると、そのまま悠々と引き揚げた。

このように船を自在に操って、余裕をみせる孫権の進退をみて、曹操は感嘆してこういった。

「子供をもうけるならば、孫権のごときがよい。彼にくらべれば、劉表の子供たちはまるで豚か犬のようなものだ」

劉表の子とは、さきに荊州で降伏した劉琮兄弟のことをさす。曹操と孫権は親子ほどの年齢差があったのだ。

こうして戦線は膠着《こうちゃく》状態で、雨季を迎えた。孫権は曹操に書面をしたためた。

「春水まさに生ず。公よ、宜《よろ》しくすみやかに去るべし」

「足下死せずんば、孤《われ》、安《やすき》を得ず」

曹操は孫権の書面を輩下の部将にみせて、

「孫権は本音を吐いている。わしをだますつもりはない」

と、笑いながらいって、その年の四月、軍を引いて冀州《きしゅう》の鄴城《ぎょうじょう》に帰って行った。五月、曹操は魏公となった。

さらに一年後の建安一九年五月、呂蒙の献策で、孫権は合肥《がっぴ》の魏の支城皖城《かんじょう》を攻撃した。これを守るは廬江太守の朱光《しゅこう》である。皖城一帯は土地が肥沃で、稲の収穫が終わると、その食糧を求めて、曹操に帰属する人間が増えることはまちがいないので、雨季のうちに、皖城を屠《ほふ》るのが得策と呂蒙は考えたのである。

孫権は皖城を落として、朱光をはじめ男女数万人を捕虜とした。濡須の戦いでは、雨季という理由で休戦しておきながら、こんどは雨季というすきをついて攻撃をかけたのだ。孫権は呂蒙を廬江の太守に任じた。

❖呉・蜀で荊州を分極支配

孫権は淮南の地で、曹操を向こうに回していつも勝ってばかりいたわけではない。建安二〇年には兵を率いて合肥城に撃ちかかったが、魏将張遼《ちょうりょう》がくりだした決死隊のまえに、もろくも敗退している。

しかもすでにこの一年まえから、荊州の領有をめぐって同盟国の劉備との間に紛争を生じていた。この対応を誤ると、赤壁の戦いでせっかく手に入れた荊州を失いかねないというおそれがあった。

このとき、すでに劉備は益州（巴蜀）に進出してこれを支配下に収めていた。これに不満を抱く孫権は荊州返還を要求した。劉備はこれに応じない。孫権は大いに怒って、呂蒙に兵を授けて、長沙・桂陽・零陵の三郡を襲わせ、これを奪還した。劉備はこれを知って、みずから兵を率いて東下し、荊州の守りについていた関羽に命じて益陽、現在の湖南省益陽のあたりに進出させ、三郡をうかがわせた。益陽と長沙は湘水《しょうすい》を挟んで西と東に位置し、目前の距離にあった。いまや蜀と呉は一触即発の状態におかれていた。

そこへ、曹操が漢中地方で張魯《ちょうろ》の五斗米道教国を倒したという知らせが入った。漢中から荊州まではひとまたぎの距離。この新たな状況をまえにして劉備と孫権は即刻和解し、湘水を境界線とみなして、東西に分割支配する旨の談合がついた。つまり湘水以東の江夏・長沙・桂陽の三郡は孫権に帰属し、湘水以西の南郡・武陵・零陵の三郡は劉備の所領となった。やむなくこうなったものの、荊州の全土支配を望んでいた孫権にとって、この分割支配はすこぶる不満足であった。

漢中の平定を成し終えた曹操は、建安二二（二一七）年春正月、大軍を率いて廬州、今日の安徽省合肥市の南方に広がる巣湖の東端にある居巣《きょそう》の地に進出してきた。呉と蜀の間には、いちおう荊州問題のかたがつき、ふたたび盟約がなったためである。

これにたいして孫権は、数年まえから巣湖の東方、濡須河《じゅしゅこう》沿いにあらたな要塞を築いていたので、これによって、頑強に抵抗した。曹操はやむなく居巣に大軍を駐屯させて引き揚げた。居巣は呉の都建業、いまの南京市から西北に数十里隔てた地点にある。長江の大河が横たわっているものの、伏波将軍夏侯惇《かこうじゅん》を総帥として、張遼らの勇将率いる魏の大軍が腰をすえて戦機をうかがっているとなると、かたときも安心はできない。

このときばかりは、謀将魯粛が病に倒れていることもあって、めずらしく慎重派の宿老、張昭の忠告に従って、孫権は魏に徐祥《じょしょう》という将軍を派遣し、婚を結んで和睦を請《こ》うことにした。猫の目のように、変転めまぐるしい孫権の得意な外交策である。

そうしておいて、孫権は濡須《じゅそう》の守備固めには、いっそうの力をそそいだのだ。

このときのことである。魏にたいする呉の最前線基地である濡須の守備司令に、孫権は周泰《しゅうたい》という将軍を命じた。周泰は字を幼平《ようへい》といって、孫策の江南平定いらいの歴戦の勇士であったが、なにしろ名家の出身でないばかりか、一兵卒からなりあがった老将軍であった。孫権は彼の部将として徐盛《じょせい》・朱然《しゅぜん》を配置して、濡須の守りに万全を期したが、この二人の部将は周泰の傘下に入ることを喜ばず、兵を発しようとしない。

それを知って、にがりきった孫権は一夜宴席を設けて諸将を招いた。いつものように飲めや歌えの無礼講となった。宴たけなわとなったころをみはからって孫権は立ち上がり、周泰を引き寄せると、満座のなかで、その衣服を脱がせた。みると、その裸のからだじゅうが刀痕だらけである。そうしておいて孫権は、一つ一つその刀痕を指して、その由来を尋ねた。周泰も、それに答えて、そのときの戦闘の模様を事細かに語った。それを聞き終えた孫権は、周泰の手をとって涙を流していった。

「おい幼平よ。おぬしは、わしら兄弟のために熊虎《ゆうこ》のごとく戦ってくれた。しかも命を惜しまず、傷をこうむること数十、しかもその傷はまるでからだに刻みつけた模様のようになっている。わしとおぬしは骨肉の義で結ばれているのだ。なんでわしはおぬしに兵馬の大権を委任しないでいられようか」

この孫権のことばに、満座の諸将は息をのんだ。

そのあとはなにもいう必要はなかった。翌日、周泰は朱然・徐盛らの部将を従えて勇躍して濡須に向けて発進したという。

さすがは江南の覇者孫権である。かくもみごとな人心収攬《しゅうらん》術を心得ていたのである。孫権と呉の部将との間には、おとこだてを媒体とした主従の緊張感にあふれていた

周泰も孫権の恩義にこたえて、魏の大軍を向こうに回して、よく濡須を守った。

❖関羽、孫権の裏切りにあう

それから二年もたたない建安二四（二一九）年の七月に、荊州で関羽が飛び出してきた。魏の曹操側の荊州における前線基地は襄陽《じょうよう》・樊城《はんじょう》の二城であった。これを守っていたのは曹操の族弟曹仁《そうじん》。関羽はこれに向けて攻撃を開始し、荊州北部を掌中に収め、主人劉備の中原進出を容易ならしめようとしたのである。

曹操は、その年の正月、劉備が益州から漢中に乗りこんできたので応戦したが、趙雲の大活躍があって敗北、漢中より撤退していた。関羽はこの劉備の漢中支配と呼応して、襄・樊攻撃を発動したのである。

これを聞いて、曹操は平寇将軍の徐晃《じょこう》を荊州に派遣して、襄・樊の後備につかせ、于禁《うきん》と龐《ほう》徳《とく》の両将軍を曹仁の救援に向かわせた。

ところが、関羽は音に聞こえた豪傑で、漢水で水軍を操ってきた経験を持っていた。おりから大雨が一〇日あまりもつづいた。ために、漢水が氾濫して洪水を起こし、曹仁が守る樊城の周囲は水浸しになって孤立した。関羽はこの洪水を船団で乗りきって、まず樊城の後方高地に陣取っていた于禁・龐徳を攻めたて、于禁を捕虜とし龐徳を斬って捨てた。

曹操は慌てた。このときばかりは色を失った。彼は関羽の強さを知っていた。樊城が落ちれば、後漢の献帝をおいている許の都までひとたまりもないのだ。献帝を河北に遷すことを真剣に考えた。

このとき、関羽の荊州制覇を恐れていたのはひとり曹操だけではなかった。孫権もまた呉の荊州支配に不安を感じていた。

この孫権の危機感をうまく利用したのが、曹操の謀将軍司馬《しば》仲達《ちゅうたつ》であった。孫権に密使を送り、ただちに関羽の背後を襲わせ、その成功のあかつきには江南の地を安堵させるという密約をあたえた。これを受けて、孫権は呂蒙と陸遜の二将をして関羽の根拠地で留守部隊しかのこっていない江陵と公安を襲撃させた。関羽は樊城攻略を目前にして、後方からの補給を断たれたのだ。結局、関羽は樊城の囲みを解いて、後方にと撤退したが、すでに根拠地を失って帰るに帰れず、ついに呉軍に捕らえられ、首をはねられてしまった。

しかも孫権はその首を駅伝で洛陽の曹操のところまで送りとどけている。

荊州総督関羽の死で、蜀の荊州支配はあっけなく終止符を打った。代わって、孫権は分割していた荊州三郡を取り戻すことができた。孫権は同盟国の蜀を裏切ったが、念願の荊州を確保して満足した。

密約どおり、曹操は上奏して、孫権を驃騎《ひょうき》将軍となし、荊州牧を兼ねて、南昌侯に封じている。建安二四年一二月のことであった。サバイバル将軍の生きざまを、みごとに演じぬいた孫権はこのとき二八歳であった。

五　呉の経済的基盤固められる

❖呉王の地位を受ける

曹操が洛陽で病死した。関羽の首級が孫権によってとどけられた建安二五（二二〇）年の正月、洛陽において六六歳の生涯を閉じた。

二男の曹丕《そうひ》が曹操の跡を襲ったが、その年の秋、後漢の献帝を廃して一介《いっかい》の山陽公に降格し、みずから魏国の皇帝にのぼった。これが魏の文帝《ぶんてい》である。年号も黄初《こうしょ》と改元した。

翌黄初二（二二一）年一一月、曹丕文帝は孫権にたいして、呉王に封じた旨の勅令をとどけた。関羽を殺害したからには、劉備との衝突が不可避だとみた孫権は、あらためて魏と和睦を結んではいたが、一度でも臣下の礼を取ったわけではなかった。呉の部将たちはこれを知って怒り、拝命を拒否すべきだと口をそろえた。ところが、孫権は彼らの反対を尻目に平然としてこれを受け、関羽によって捕らえられていた魏の勇将、于禁《うきん》を魏に還し、答礼の使者まで送った。孫権の言い分はこうであった。

「昔沛公《はいこう》（漢高祖）も亦《ま》た項羽に受けて拝して漢王となる。此《こ》れ蓋《けだ》し時に宜《かな》うのみ。復《ま》た何をか損するや」

いかにもサバイバル将軍らしく、さばさばと割り切ったこだわりのない態度である。くれるものなら、もらっておけ、なにも損にはならんじゃあないか。漢の劉邦《りゅうほう》だって項羽《こうう》から漢中王の位をもらったことがある。呉王とは今の時期のおれにふさわしいではないか。みなの者よ、そうとげとげしくするな。これが孫権の言い分であった。

孫権がかくまでしてあえて魏に従属する呉王の地位を甘んじて受けた理由のもう一つは、「山越《さんえつ》」問題という孫呉政権にとって重要な内政事情を抱えていたからである。そのへんの事情については、『三国志』の著者である陳寿が、「山越は好んで反乱をなし、いっときも治まっていない。だからこそ孫権は内への防備にいとまなく、魏にたいして辞を低うしたのである」とのべているとおりであった。

孫権が蜀に使者として派遣した張温に、「もし山越がすべて除かれれば、大いに曹丕にたいして事を構えるであろう」といわせたのは、まさしく本音であったであろう。

さて、魏から呉王に封ぜられた孫権が返礼使として魏の都鄴《ぎょう》に派遣した騎都尉《きとい》の趙咨《ちょうし》はなかなかの人物であったらしい。『三国志』呉書の呉主伝第二をみると、魏の文帝に趙咨が拝謁《はいえつ》したおりのこと。まず文帝がきりだした。

「呉王とはいかなる主人か」

「聡明仁智であって、雄略のある殿御です」

重ねて文帝がそれはどういうところだと尋ねると、趙咨はこたえた。

「魯粛をなみの家柄から取りあげました。これが殿の聡なるところです。呂蒙を一兵士から抜擢《ばってき》いたしました。これが殿の明なるところです。魏の将軍于禁を捕らえて殺さなかったのは、殿の仁なるところです。荊州を取って血で汚さなかったのは、殿の智なるところです。三つの州によって天下を虎視しているのは、殿の雄なるところです。身を陛下に屈しているのは、殿の略なるところです」

裴松之の注に引く『呉書』では、趙咨は字を徳度、南陽の産で、博聞多識、応対弁捷《べんしょう》とある。このみごとな応対で、男をあげたのは孫権だけではなかった。趙咨もすっかり男をあげ、北人は彼に敬意を払ったという。

❖劉備、陸遜に敗れる

一方、劉備は黄初二（二二一）年の四月に魏に対抗して蜀漢帝国をつくり、その皇帝となった。そして翌年の二月には、彼は群臣の反対を押しきって、荊州へ軍馬を進めた。

血盟の義兄弟であり、豪勇として片腕となってきた関羽が、孫権によって不意打ちにもひと

陸　遜

しいやり方で殺されたうえに、その首が曹操のもとにまで送りとどけられたのである。孫権の妹を妻に迎えた間柄であっただけに、裏切られたという憎しみに劉備は心をたぎらせていた。

しかも、蜀にとって中原進出の拠点として大事な荊州という格好な足場を、すっかり孫権におさえられてしまったのである。これで、劉備とともに入蜀した兵士たちのほとんどが帰るべき故郷を失ってしまったのである。なんとしても荊州の失地は回復せねばならぬ。この思いに劉備はつき動かされたように、長江をめざして進撃した。

すでに、魏の文帝と同明関係を結んで、背後に敵を受ける心配を取り除いていた孫権は呂蒙が病死していたので、陸遜《りくそん》（一八三～二四五）を荊州防衛軍の総司令に任命した。

劉備の大軍は破竹の勢いで、呉国に侵入すると、たちまち荊州の夷陵《いりょう》、今日の湖北省宜昌県に達した。

陸遜は夷陵より東にある猇亭《こうてい》の地に布陣した。ここで劉備の猛進は食い止められた。それから、両軍のにらみあいがつづいた。

呉軍は陸遜の命令で蜀軍にたいして、こちらから攻めかかることを禁じられていた。持久戦で、遠征してきた蜀軍に疲労と焦りが出てくるのを待つ作戦に出たのである。

七、八ヵ月の間、呉軍は猇亭の要塞によったまま動こうとはしない。劉備のほうはその間、五、六〇〇里(二〇〇〜二四〇キロメートル)ばかり前進してじりじりと猇亭に迫ってきた。これをみて、このままでは不利だと出撃をはやる呉の諸将にたいして、陸遜は剣をぬいて叱咤した。

「軍令違反者は断固このわしが処分する。曹操でさえ恐れた劉備に勝つために、わが軍の意思統一は必要だ。戦機を判断し命令を発するのは、主君孫権殿から指揮をゆだねられたこのわしである。逆らう者あらば、申し出よ」

この陸遜の気迫にのまれて、呉の諸将は静まり返った。

やがて、戦機が熟した。半年もたつと明らかに蜀からの兵站《へいたん》路線が延びきって、兵糧補給がうまくいっていない様子である。それでも、陸遜は慎重だった。まず小手調べに、劉備の屯営の一つに攻撃をかけてみたところ、あえなくこちらの敗退に終わってしまった。

疲労はしていても、これではまだ尋常な手段では勝てないと考えた陸遜に、火攻めの計がひらめいた。赤壁の戦いの周瑜・黄蓋の策略が、そのときの陸遜の脳裏をかすめなかったとはいえまい。ちがうところは、それを陸上でおこなうことだ。

陸遜は叫んだ。

「これで敵を破る方法を見つけた」

彼は、兵士に一束ずつ茅をもたせ、夜陰にまぎれて敵の屯営の近くに潜ませ、いっせいに火攻めをかけた。

屯営が燃えだすと、蜀軍はいっぺんに浮き足だった。そこへ、陸遜はすかさず全軍に命じて総攻撃をかけた。呉軍の大勝利だった。

劉備は陣営を立てなおす余裕もなく、白帝城まで退いた。兵糧・武器の補給基地を兼ねて、点々と長江沿いの陸地につらなるようにして築かれた数十の屯営は、たちまち連鎖反応を起こして壊滅した。

敗れた劉備は、「ついに陸遜にしてやられた。これも天命にちがいない」と慨嘆したという。そのまま彼は、白帝城の地で病に倒れ、ふたたび成都の空をみることなく、死んだ。

一方、勝利を収めた陸遜のほうは、この功績によって、輔国将軍、荊州牧に昇進、江陵侯に封ぜられている。その後も荊州の総督として、江陵の地にいて、魏・蜀の動きににらみを利かせる存在となる。

これからというものは孫権は内政・外交の重要問題の決定に迫られると、陸遜に下問して、その意見を徴した。孫権にとって、周瑜・魯粛・呂蒙死してのち、陸遜は彼らに代わって十分に信頼をおくに値する軍師となったのである。

陸遜がその名を天下に知られるようになったのは、呂蒙とともに関羽攻めに成功したときからであった。そのとき三七歳。それ以後、呂蒙の推挙によって、陸遜は荊州奪回のために呉の知将として采配をふるう。周瑜は魯粛に、魯粛は呂蒙に、呂蒙は陸遜にバトンタッチして孫権の補佐をつとめた。ここまでの継投策はじつにみごとに成功し、孫権に覇者としての勝利をもたらした。孫権は恵まれていた。これほどに、卓越した見識をそれぞれの個性に裏打ちされてもっていた知将がつぎからつぎにバトンタッチして、確実に呉の勝利に結びついていた例は、他に類をみないからである。

呂蒙は関羽攻めに成功を収めた、その年に突然発病して亡くなっている。四二歳の働き盛りであった。その呂蒙が孫権に陸遜のことを、つぎのように評して推挙したのだ。

「陸遜は思慮深く慎重で、ずっと先のことまで考えをめぐらしています。その才能は衆にぬきんでており、重要な職務をまかせることができる人物です」

陸遜はほかならぬ呂蒙が推挙した人物である。彼は三九歳の若さで蜀の劉備を邀撃《ようげき》する呉の総司令官に抜擢されたのである。呉の部将で陸遜の指揮に入った者のなかには、彼より年かさの老将もいた。彼らはなによりも陸遜の実戦経験に疑いを抱いていた。このたびの劉備との戦いは、相手も懸命であるだけに、赤壁の戦いとおなじく呉の命運を賭《と》してかからねばならぬ。そこで、当然のごとく総司令官としては陸遜は若すぎるし、実戦経験がとぼしいのが不安であるという反対意見が出てきたが、孫権は押し切った。

ここにも、覇気に富む孫権の進取の気がはたらいて、積極的に若手の陸遜を総司令の職務につかせたのである。呂蒙を信じていた孫権は、その意志を生かして、陸遜に全幅の信頼をつないだのである。これが成功した。

❖山越を支配下におく

赤壁の戦い、関羽攻め、呉蜀の戦いと、守成の基本姿勢は崩さないままに、淮水流域では合肥から南、漢水流域では襄陽から南、長江流域では巫《ふ》県から東をほぼ境界線として、広大な江南の地を占有することができた孫呉政権の経済的基盤を、ここで考えてみることにする。いくら孫権に覇気に富む進取の気があり、人材活用力があったとしても、またそれにこたえる賢能の士、知勇の士が存在したとしても、それをささえる経済的基盤がなかったならば、孫呉政権を維持することも、発展させることも、ままならなかったであろう。

おおざっぱにいえば、江南地方は土地が肥沃で雨量が多く、農業生産に適していた。

しかし漢代までは、あまり開発が進んでおらず、土地が広大なわりには居住民が少なく、中原の地にくらべて生産は立ちおくれていた。

江南地方は昔は呉越《ごえつ》とよばれて、野蛮な未開地とみなされていた。だが、同じ江南でも呉と越とではおおちがいであった。

呉は長江の東南沿いに広がる土地柄だけに、黄河流域の文化に匹敵するくらいの南方独特の文化を生みだしていた。それにくらべると、越は険しい山に囲まれ、山居の住民が多く、地域が分断されていて、文化未開の地であった。

越人の主な散在居住地は、現在の江蘇《こうそ》・浙江《せっこう》・安徽《あんき》・江西《こうさい》・福建《ふっけん》などの山嶺地帯であるが、秦漢いらい、北方から少なからざる漢民族が移住して、「山越」とよばれる土着の越人と雑居するようになった。

「山越」は谷に植物を植え、その地に産出する銅や鉄で兵器と農具を製作した。もともと武を好む強悍《きょうかん》な民族で、孫呉政権によって武力支配がおこなわれるまでは、徭役《ようえき》に服することはなかった。孫呉政権が江南の地に武力支配を確立すると、「山越」に納税・徭役の義務を課したばかりか、彼らの一部を呉に編入した。これからというものは「山越」はたえず反抗して、その支配から逃れようとした。

嘉禾《かか》三（二三四）年、孫権麾下《きか》の将軍諸葛恪《しょかつかく》は大軍を率いて、「山越」勢力がもっとも強かった丹陽郡の鎮圧にかかった。諸葛恪の三年がかりの包囲作戦で、ついに「山越」人は糧食の欠乏を来し、その一〇万余人が投降した。そのうちの壮丁四万人を軍隊に組み入れ、そのあまりは平原に移住させ、孫呉政権の支配下においた。

話は前後するが、後漢の末年、北方で黄巾の乱が起こり、各地の豪族軍閥が混戦状態に入ると、中原地帯の民衆は大量に死に、生き残った者たちは流浪した。ある者は西のかた隴右《ろうゆう》の地方に、ある者は北に向かって遼東の地方に移住したが、その多くは南の江南地方に流入し、孫呉政権の統治地域におさまったといわれている。

徐州や淮水流域の人々の多くは揚州に避難したが、そのなかから、のちに孫呉政権をささえた重要人物が現れている。

孫権の最高顧問を務めた張昭は荊州彭城《ほうじょう》県の出身であったし、魯粛も臨淮《りんわい》の東城、現在の安徽省定遠の人であった。彼が江東に移住したさい、男女三〇〇余人がつき従ったといわれている。諸葛孔明の兄諸葛瑾は山東省の泰山の近くから、義母をともなって江南に避難し、魯粛とともによく孫権に仕えて、重責をはたしている。

かくして北方の民衆は戦火を逃れて、たえず江南地方に避難してきたので、労働人口が増加したばかりでなく、北方先進地帯の生産技術が入って来て、江南地方の開発は推進された。

❖異国との友好関係

魏の曹操、蜀の諸葛孔明がそうであったように、孫権も江南地方の生産事業の発展を重視して、いちはやく屯田制《とんでんせい》を取り入れて軍糧の解決につとめた。東呉の屯田も、軍屯と民屯の二種に分かれていた。軍屯は重要な防衛地域に設けられ、平常のときは生産に従事し、戦時には武器をとった。民屯の制は北方からの流民、それに平地に移ってきた「山越」人にほどこされた。軍屯の最大規模のものは、長江北岸で魏との国境にあたる廬江郡にあり、民屯の最大規模のものは、現在の江蘇省常州、むかしの毗陵《せいりょう》にあった。

なかでも、太湖沿岸と銭塘江《せんとうこう》の流域はとりわけ生産が進み、富裕な経済圏をつくっていた。生産高については、正確なところはつかめないが、現在の浙江省の蕭山《しょうざん》あたりで、一畝《せ》から米三石がとれたとあるので、他の地区の生産水準は相当に高いものであった。唐代越州窯《えっしゅうよう》は青《せい》瓷《じ》をつくって有名であるが、漢代の釉陶《ゆうとう》技術を基礎として、すでに三国時代の青瓷の釉色と造型の技術はいちだんと優美で精巧になり、十分に鑑賞に耐えうるものとなっていた。

現在の浙江省の紹興《しょうこう》、余姚《よよう》あたりで、むかしから越窯と称せられる青瓷が焼かれていた。最近の発掘品では、呉の赤烏《せきう》一四（二五一）年の南京墓から青瓷で虎の姿をした盛尿器が、また呉の甘露元（二六五）年の南京墓から青瓷で熊の姿をした灯器などが出土しており、いずれも呉における陶芸技術の優秀さを証明するものであった。

呉の紡績では、越布が有名。とりわけ越の諸曁《しょき》・永安の二県産出の織物は量産も多く、品質も最高であったが、技術的にみると、やはり蜀錦《しょくきん》のそれにはおよばないとされている。

これが造船技術になると、長江と広大な海岸線を抱えているだけに、水上と海上交通の利便頻度が高く、いきおい呉の統治者は造船業の発展に努力した。建安郡の侯官、いまの福建省閩《びん》江《こう》は、当時の造船業の中心地であった。六、七〇〇人と五〇〇トンの物資を積載することのできる、長さ二〇余丈（六〇メートル余）もある船舶を造っているところからみて、呉の造船技術は相当高い水準に達していたと考えられる。造船技術の進歩は、海上交通の発展と連動していた。孫呉政権の航路は北上して遼東半島、南下して南海の諸国諸島に向かっていた。

孫権は黄竜《こうりゅう》二（二三〇）年に将軍の衛温《えいおん》・諸葛直《しょかつちょく》に一万の士兵を率いさせ大船をつらねて夷州、いまの台湾に渡らせている。この船隊は章安、現在の浙江省臨海の東南から出航して、福州・泉州をめぐって航行したのち、台湾海峡を横切り、現在の台南市の嘉義《かぎ》に上陸した。上陸後、土着の高山民族数千人を大船で本土に運んで移住させている。これが中国大陸と台湾を結ぶ最初の交通記録であった。

南海航路では、扶南《ふなん》、いまのカンボジアと林邑《りんゆう》、現在のベトナム中部の諸国と友好関係ができ、呉の朱応《しゅおう》と康泰《こうたい》が使者として出向けば、扶南国王、林邑国王も使者を呉の都にさしむけている。朱応はそのときの南海諸国の見聞を『扶南異物記』にまとめ、康泰は『外国伝』を書いて、当時の南海諸国の事情を知るうえに、貴重な資料を提供している。

孫呉政権の統治者のなかでも、かかる経済発展の諸政策をうちだすのに、いちばん熱心に努力したのは、やはり孫権であった。かれは、「山越」民族を討伐し、彼らを帰順させると、平地に移住させ、屯田制を設けて農業生産の発展につとめた。海上交通を拡大し、海外貿易にのりだした結果、とりわけ都の建業を中心とした東呉地区の社会経済は、飛躍的な開発を遂げることになった。かくして、呉の経済的基盤はおおむね孫権一代の間に着実に固められていったのである。

❖君子は豹変す

さきにも述べたことではあるが、劉備の大軍が呉に迫ってきたとき、孫権はいままでのいきがかりとか、体面にこだわらず、魏の文帝に臣従を誓って、講和を結んでいる。これまではといえば、淮南国境地域で果敢に魏軍と渡り合って、一歩もひかぬ勢いをみせていただけに、これは明らかに孫権流の君子《くんし》豹変《ひょうへん》であった。いいかえれば硬と軟をたくみに使い分ける弾力外交を、孫権は得意としていた。

劉備と戦っている間に、魏が南下して手薄になっている呉に襲いかかれば、ひとたまりもないと孫権は考えたのである。どうみても、こんどばかりは、魏と敵対関係にあることは、呉にとって不利だとみた孫権は、さっぱりと「身を屈して恥を忍ん」で、魏にたいして臣下の礼をとり、命ぜられるままに、魏の文帝に仕える一諸侯となったのである。

それでも、魏の文帝にすれば、孫権がほんとうに臣従する気になったのか、まだそのことが十分につかみきれぬままに、非礼ともいえる珍品のたぐいを孫権に要求して、朝貢を命じた。雀《じゃく》頭《ず》香《こう》・大貝・明珠《めいしゅ》・象牙《ぞうげ》・犀角《さいかく》・鼈甲《べっこう》・孔雀・翡翠《ひすい》・闘鴨《とうおう》・長鳴き鶏の品々がそれであった。

呉の家臣はこれを知って、こぞって即刻拒否すべきだといきまいた。

孫権はそれをおさえて、いった。

「いま、重大事は西北から迫ってくる劉備の大軍にある。江南の領民たちは、主人のわしを頼みにしている。魏の文帝が要求してきた品物はわしにとって瓦石《がせき》同然。少しも惜しうはないわ。しかも文帝は曹操の服喪中に要求してきた。これではともに礼を語るべき人物とは思えぬ」

こうして、孫権は要求された品物をすべて調達して魏に送りとどけた。

魏の文帝はさらに呉王孫権の太子、孫登《そんとう》を侯に封ずるという勅旨を孫権に伝達した。やむをえざる臣従の誓いであったが、呉の側からすれば侯に封じられても、その分、土地が増えるわけではなかった。封ぜられたという臣従の意識が強まるだけであった。

孫権は孫登が幼いという理由をつけて、文帝に辞退を申し入れるとともに、総理府の書記官である沈珩《しんえん》を使者に立てて、呉の産物を献上して、文帝のごきげんを取り結んでいる。そのときの孫権の立場はそれほどに苦しくむずかしいものであった。なんとかこの危機を乗り越えるまでは、という忍従の決意がありありとみえた。

文帝は沈珩に尋ねた。

「孫権は、わが軍が呉に侵攻するのではないかと疑っているのであろう」

「さようなことはございません」

「なぜ疑わぬか申してみよ」

「貴国とは先ごろ同盟を結び、友好関係を保ってまいりました。けっして疑ったりしておりません。もしかりに貴国が同盟を破棄したとしても、それに対応できるだけの防衛体制を呉国はあらかじめ整えております」

魏の文帝はあらためて尋ねた。

「聞くところによると、呉の太子が来るということだったが、そうではなかったのか」

「臣は呉に仕えているとはいえ、なにぶんにも微禄の身でございますれば、朝議の席にも、宴会の席にも出席ならず。それゆえ、そのような話はとんと聞いた覚えはありません」

魏の文帝は、この沈珩の応対ぶりがすっかり気に入り、そば近く招きよせて、終日談笑した。沈珩はどんな話題になっても、打てば響くような応対ぶりであったが、屈辱的態度はみじんもみせなかった。

かくして使者の務めを無事にはたして、呉に戻ってきた沈珩は、孫権につぎのような意見を具申した。

「私は、内密に侍中の劉曄《りゅうよう》とわたりをつけましたが、自分たちの利を図って奸計《かんけい》を弄《ろう》するばかりで、どうみても誠などありません。むかしの兵法の書にも、『敵のわれを犯さざるをたのまず、われの犯すべからざるをたのむ』とありますように、いま、わが朝廷に必要なのは、侵入を許さないだけの防衛体制を整えておくことです。いっさいの役務を中止して農業生産に尽力し、兵糧の確保を図ることです。つぎに船舶、車両を修理して武器を増産し、これも十分に確保しておく必要があります。また兵士、民衆を養い育て、働き場所をあたえてやること、さらに隠れた俊英を招き入れるとともに将兵の志気を鼓舞すること、これらのことをきちんと実行できれば、天下取りだって望めないことではありません」

沈珩がふるい兵法書を引いて、「敵が侵入してこないことに期待をかけるよりも、あらかじめ侵入を許さないような防御体制を整えておけ」というのは、呉の農業その他の生産性の向上を意味し、造船技術その他の武器生産の向上を意味していた。おそらく孫権は沈珩の意見に深くうなずくところがあったにちがいない。

さきに述べた孫権の江南における経済基盤の形成は、このような危機感に呉がさらされる状況のなかで、沈珩のような賢能の士の意見を、孫権がくみあげ、生かすことではたされていったのである。孫権流の守成の覇業が、「身を屈して恥を忍ぶ」ことにより達成されたとすれば、かかる経済的基盤がその内容として裏打ちされていたからであろう。

六　皇帝即位後に呉の衰退始まる

❖孫権を説き伏せる

劉備が白帝城で死するまえに、呉の孫権は講和の申し入れをおこなっていた。その劉備が死去したいま、孫権が再度方針を変更して、蜀に侵攻を開始するかもしれないと、諸葛孔明は頭を痛めていた。考えぬいたすえに、使者に鄧芝《とうし》（？〜二五一）を派遣することにした。彼は字を伯苗《はくびょう》といい、義陽新野の出身。劉備に仕えて広漢太守などを歴任。このときは皇帝政務秘書に抜擢されていた。

孫権は鄧芝と引見した。

「われも心から蜀と和睦したいと願っていた。だが、もうひとつふみきれないのは、蜀が、新君いまだ幼弱のうえに、国勢もふるわず、これでは魏に乗ぜられて、自国の安全を保つことさえおぼつかないだろうと心配しているのだ」

鄧芝は懸命に弁じたてた。

大釜に油を煮立て、兵を潜ませて、鄧芝と会談する孫権

「呉と蜀が力を合わせれば、中国一三州の内、二国で四つの州をもつことになります。しかも孫権大王は命世の英傑であられますし、孔明もまた時代の英傑です。蜀には険しい山々が国を固めており、呉では長江などの要害が国を守っております。この二つの長所を一つに合わせて、ともに唇歯《しんし》の関係になっていくならば、進んで天下を兼併することもできますし、退いては三国鼎立の状態を保つことができます。これが、自然の理というものです。大王がもし魏にこのまま臣従をつづけるならば、魏はかならず大王があいさつに出向くことを希望し、太子の人質を求めるでしょう。それに逆らえば、朝敵という名目で反逆者として呉を討つでありましょう。そのときは、わが蜀も長江の流れに沿いながら、時をみて呉へ兵馬を進めます。このようになれば、江南の地は、また大王の占有するところではなくなりましょう。とくとお考えください」

これを聞いて孫権はしばらく沈黙していたが、口を開いていった。

「君の言うことは、理にかなっている」

これで、ふたたび呉蜀の友好の同盟が成立した。孫権は張温を蜀に遣わし、答礼した。鄧芝がふたたび孔明の命を受けて、呉に使いした。そのとき、孫権はこう語りかけた。

「もし天下が泰平となって、呉と蜀の君主が天下を二分して治めるようになれば、さぞかし楽しいことであろうな」

すると、鄧芝はすかさずこう切り返した。

「天に二日なく、地に二王なしと申します。魏を併呑しましたのちのことは、天命が大王に帰するとはかぎりません。君主がそれぞれ徳を盛んにし、臣下がそれぞれに忠を尽くせば、そのときは陣太鼓を引っ提げてまた戦争となりましょう」

孫権はこれを聞いて、おおいに笑っていった。

「そのほうの率直さにはまいった、まいったぞ」とくりかえした。

少なくともこのころまでの孫権はじつに寛容で、人を疑わない率直さを身につけていた。さっそく孔明に親書を送って、「二国を和合せしむるは、ただ鄧芝あるのみ」と伝えたという。

これから、呉の孫権は魏に臣従の態度をとるのをやめて、蜀の孔明が北征するのを援護するかたちで、荊州の南部で、あるときは淮南の合肥で魏と戦うことになる。

❖三国分極が完成

魏の太和《たいわ》三（二二九）年、蜀の年号でいえば建興七年の春四月、孫権はついに呉国の帝位についた。時に孫権は四八歳であった。

重臣以下の群臣がこぞって皇位に就くことを願い出たところ、四月になって、夏口と武昌から、あいついで、「当地に黄竜が現れました」「こちらでは鳳凰《ほうおう》が現れました」と、瑞兆《ずいちょう》の知らせが入り、即位の儀が本決まりとなったのである。

孫権は、四月丙申《へいしん》の日に即位の儀式をとりおこない、大赦令《たいしゃれい》を下して、年号を黄竜と改めた。従来どおり都は建業、いまの南京におかれた。そして、父の孫堅を追尊して武烈《ぶれつ》皇帝、母の呉氏に武烈皇后、兄の孫策に長沙桓王の称号を奉り、また、太子の孫登を皇太子とした。さらに文武百官にたいして、それぞれに爵位を進め、褒賞を授けた。

孫権は蜀に使者を遣わし、この旨を伝達し、了承を求めた。同盟国の蜀ではただちにこの問題を朝議にかけて検討した。

蜀の群臣は口をそろえて主張した。

「わが国の正統性を明らかにするうえでも、呉と断交すべきである」

これにたいして、孔明の分析は冷静だった。

「孫権が皇位に就こうという願いをもってからすでに久しい。わが国が彼らの動きに目をつぶってきた理由は、魏を挟撃《きょうげき》する支援者を求めてきたからである。いま、もし呉と国交を断絶すれば、敵としてわが国に深い恨みをいだくであろう。こうなれば、まず軍兵を移して東征し、呉と事を構えねばならず、中原の平定は、呉を併呑してからのちということになる。ところが、孫権のもとには有能な臣下が多数ひかえ、重臣大将連中も息が合っているので、一朝一夕では平定できぬ。いたずらに兵力を消耗させたうえ、容易に決着がつかねば、それこそ魏の思う壺だ」

なお孔明はつづけた。孫権の立場をよくとらえていただけでなく、これからの孫権の動向を分析するあたりは、じつに的確であった。

「孫権が長江以南の地に閉じこもって、あえて北に打って出ないのは、知と力のうえで魏に劣っているからだ。言い換えれば、孫権に十分な力の蓄えがあるならば、北征して魏の領地をかすめないはずはないのだ。したがって、もしわが国が大挙して魏に攻め入れば、孫権もまた、これに呼応して魏領の分割に乗りだすはずだ。少なくとも、辺境を侵して領土を広め、その威武を国内に示すであろう。われらの動きをそのままにして座視しているはずはない。かりに孫権がそのまま動かぬとしても、このさき同盟関係さえ維持しておけば、北征にさいして、呉の動きに神経をとがらす必要はないし、しかもそのうえ、河南の魏軍は呉に備えて釘づけとなり、西部戦線にすべてを投入することはできないはずだ。呉との同盟は、利点がこれほどに大きいのだ。いま、孫権が皇帝になったとて、その僭称《せんしょう》の罪を問うべきではないはずだ」

こうして、呉蜀の同盟関係を維持することを確認した蜀は、衛尉の陳震《ちんしん》を使者として、孫権のもとに送り、孫権の皇帝即位を祝賀した。

孔明の孫呉政権にたいする状況分析は的確であった。鋭い洞察力でみごと孫権の苦しい守成の立場をとらえていた。動きのとれぬ孫権であっても、けっしてあなどれぬ勢力であることを、孔明はみてとっていた。このとき三国分極の構造が完成したのだ。

❖堕落と弛緩の始まり

孫権は、蜀の使者陳震を迎え、あらためて同盟関係を確認するとともに、両国の協力のもとに魏を滅ぼしたときには、魏領を二分するという覚書まで取り交わした。それは、予・青・徐・幽の四州を呉の領土、兗《えん》・冀《き》・并《へい》・涼の四州を蜀の領有として分割し、その中間に位置する司隷は函谷関《かんこくかん》を境に関東を呉に、関西を蜀に帰属させるというたいへん虫のよい分割支配の見取り図であった。

ところで、孫権が皇帝に即位した時期を境にして、皮肉なことに呉の運命は下り始める。

孫権が呉を統治した期間はながい。彼は三国時代の覇者・皇帝のなかでもいちばん長生きをした。どんなにすぐれた統治能力をもった覇者・皇帝でもながく権力の座にいると、かならずほころびがでるのである。緊張の糸が切れて倦怠《けんたい》を生じる場合もあれば、過信が傲慢《ごうまん》に流れを変える場合もある。そのとき、政治の堕落《だらく》と弛緩《しかん》が始まる。孫権の場合もその例外ではなかった。

前半期の孫権は、才能ある智賢の士を集め、彼らに信頼をおいて仕事をまかせ、彼らの才知が発揮できるように手を貸した。周瑜・魯粛・呂蒙・陸遜は孫権の信任にみごとにこたえ、呉の覇業を達成した。赤壁の戦いでは曹操に勝利を収めた。荊州争奪戦では関羽を亡き者にした。猇亭の戦いでは劉備を負かした。

孫権はそのたびごとに、江東に安定した覇権を保ち、荊州から蜀の勢力を排除してそこを占有し、三国の覇者としてその階段を確実にのぼりつめていった。孫権の使者として魏の文帝にまみえた趙咨《ちょうし》は、そうした覇者孫権の器量を誇りにして、「聡明仁智にして、雄略の才ある君主」とたたえた。それは事実であった。

ところが、孫権が皇帝の座についたあたりから、自分の臣下をあまり信頼しなくなったのだ。それだけ自分を過信するようになり、傲慢になってきたのだ。

それが最も象徴的に現れたのが、遼東の公孫淵《こうそんえん》の臣従事件であった。

七　孫権みずからの不明を恥じる

❖呉に同盟を求める

そのころ、三国のほかに、中国北東部の遼東半島に割拠して、いまだに独自の覇権を確立しようともがいていた人物がいた。公孫淵《こうそんえん》（?～二三八）がその人である。中原の覇者をめぐって、三国がしのぎをけずっていたとき、公孫氏は父祖の代からその領土は、遼東半島を中心に、現在の東北地方（旧満州）から、鴨緑江《おうりょくこう》のはるか南の朝鮮半島にまでおよんでいた。辺境の地であったため、後漢末、群雄割拠の中国本土をよそに、遼東太守であった公孫度《こうそんたく》は切り取り自由に、東北地区をわがものとしたのである。その孫が公孫淵である。

ところが、公孫淵の時代になると、魏の曹氏の勢力が河北の奥まで延びてきて、その脅威にさらされる一地方軍閥になりさがっていた。それでも、公孫淵はいまだ天下取りの甘い野望を捨てきれずにいた。そのため、遠交近攻の外交政策をとる苦肉の策に出たのである。

魏の太和二（二二八）年、公孫淵は魏の文帝の死後、皇帝に就いたばかりの明帝《めいてい》からあらためて遼東太守に封じられている。実力にも胆力にも欠けるこの男はこのままだまって魏に臣従しておればよいものを、なまじ三国に伍《ご》して、一旗揚げようと考えていたので、それから四年もたたないうちに、はるか離れた江南の呉に向けて使者を出して臣下の礼をとり、同盟を求めたのである。

これを『三国志』呉書の呉主伝の記事でみればこうなっている。

冬十月（嘉禾《かか》元年）、魏の遼東太守の公孫淵は、太尉の宿舒《しゅくじょ》、閬中《ろうちゅう》令の孫綜《そんそう》を遣わし、（孫）権に藩《はん》たらんと称し、併せて貂馬《ちょうば》を献ず。権は大いに悦び、淵に爵位を加う。

嘉禾《かか》元（二三二）年といえば、蜀の孔明が魏に向けて第五次の北征を準備しているときで、このあいつぐ蜀の北征に、魏は神経質になっていた。孫権も蜀と呼応し、挟撃の機をねらっていた。そこに公孫淵の使者がきたのである。これをうまく使えば、魏を北東部からもおびやかすことができる。それにもまして、皇帝と称して三年にして、早くも独立割拠する辺境の地の太守が魏を裏切って、孫権皇帝に臣従し、その一藩として所属したいと、申し出てきたのである。これを、孫権が喜ばないはずはなかった。

さっそく、翌年の嘉禾二年、答礼の使者に太常の張彌《ちょうや》、執金吾《しっきんご》の許晏《きょあん》を選び、それに賀達将軍に兵一万を率いさせ、金宝珍貨とともに遼におもむかせた。もちろん黄海の波濤を越えての海路交通を利用してのことだった。この船には、先に遼東からやって来た使者も乗船していた。

このとき、なによりも孫権が得意だったのは、公孫淵を燕《えん》王に封じたことであった。

❖威信失墜

そのときの詔に孫権の喜びようがありありと表現されている。

「朕《ちん》は不徳であるにもかかわらず、はじめて天命を受けて皇位に就いた。それからというものは、夜更けまで戦々恐々として、うたたねの暇さえないほどである。乱世を治め、民衆を救い、上は神意に応え、下は民の望みをかなえたいがために、つとめて俊傑を探し求め、これと力を合わせて、ともに海内《かいだい》を平定し、同志の者とは死ぬまで一緒にありたいものだと思ってきた。現在、魏の総督で幽州と青州の長官である遼東太守燕王は、ながい間、魏賊におびやかされ、一方に隔てられていた。わが国と同盟したいと思ったけれど、その手だてがなかったのだ。いま天命によって、遠く二人の使者をわが呉に遣わしてきた。その誠が明らかであり、その気持ちが慇懃《いんぎん》であるので、朕の喜びも格別である。そのむかし、殷《いん》の湯王《とうおう》が伊尹《いいん》と出会い、周の文王が呂望《りょもう》を得たけれども、今日貴殿を得たことにくらべれば、段違いである。天下統一はここにさだまったようなものだ。『書経』に一人に慶び有れば、兆の民草《たみぐさ》がこれを頼るというものではないか」

この詔のなかでただちに大赦令を出したことでも、彼の喜びようが知れるであろう。呉の孫権は本気であった。それにくらべて、公孫淵には定見がなく、みずからの保全を考えているだけで、時と状況しだいではあちらにもこちらにもつくことを考えていた。反復に常のない危険人物だった。孫権はそのことが洞察できなかったばかりか、遼東の力を過大評価しすぎていて、南と北から協同して魏にあたれば、これを滅亡に追いこめるかもしれないという妄想にかられていた。

この孫権の同盟策に強硬に反対したのは、宿老の張昭であった。くりかえしくりかえし、公孫淵が信頼できぬ人物であり、これと同盟しても、いたずらに魏を刺激するばかりで、呉には一文の得にもならないといさめたが、孫権はいっこうに聞き入れようとはしなかった。そればかりか、衆人の面前で張昭をはずかしめ、殺害しようとさえした。これ以後、張昭は病を理由に、朝廷会議への出席を拒んだ。

これほど、孫権がのぼせあがっているのに、公孫淵は、魏と呉のいずれが勝っても、存続できるように両面外交を仕組んだにすぎなかった。実際に、孫権が派遣した万を数える軍団をみて、彼はたじろいだ。こんな大げさなことになって、魏に知れたら、どうしようと頭を抱えたが、あとのまつりだ。呉の大船団が遼東半島に上陸すると、ものすごい数の軍兵が首都の襄平《じょうへい》に到着した。

これでは、魏に知れないほうがおかしい。軍事顧問を含む呉の大軍団が同盟の答礼のために、公孫淵のもとに派遣されてきたという情報をキャッチした魏の明帝は、その背信行為を厳しく責めたててきた。

もちろん、公孫淵には呉と組んで、魏と一戦を交えようなどという気概はない。しまつが悪いのは、こういう二股膏薬《ふたまたこうやく》。そこでたいへんな奇計を弄した。こともあろうに、軍団の首領である張彌と許晏の首を斬り、魏へ送り届けたのである。二人を謀殺したものの、呉の軍兵は一大集団である。これを全員血祭りにするわけにはいかないので、公孫淵は諸県に分置して、厳重な監視下に幽閉した。

『三国志』呉書の呉主伝に裴松之が引く『呉書』という書物によると、張彌、許晏の官属従者の数は四〇〇人ばかりとなっている。『三国志』の著者陳寿の万とする数字とは、大きく隔たりがあるが、四〇〇人のほうが実数に近いとみたい。それにしても、大集団であったことには変わりない。そのうちの秦旦《しんたん》と黄彊《こうきょう》ら四人の中使が監視の目を逃れて脱出。高句麗経由で呉に生還してきたのである。

孫権は、この事実を知ってみずからの不明を恥じ、張昭に朝議への参加を要請し、不名誉な外交措置の挽回につとめたが、いちばん馬鹿をみたのは、寒冷の地に幽閉されたまま、その消息が杳《よう》として分からなくなった、あのおびただしい使節団の官属従者の面々であった。

この事件で、孫権の威信はいちじるしく失墜した。覇者における威信の失墜は、そのままその覇業にかげりを生ずることにつながっていた。

八　麒麟の老いては駑馬に劣る

❖臣下の不信感つのる

もともと、孫呉政権は主として南北の大地主豪族《ごうぞく》の支持支援があって、その上に成立していた。張昭・周瑜・魯粛らは北方出身の豪族でありながら、孫策・孫権兄弟の腹心となった人物である。孫権はこれに加え、細心に江南の土豪を手なずけることに努力し、成功した。たとえば呉郡出身の四大地主であった顧氏・陸氏・朱氏・張氏はいずれも孫権に荷担し、その政権の基盤固めに重要な役割をはたした。

孫権が皇帝となって以後は、とりわけ江南地方の土豪勢力に依存する度合いが強くなってきた。その代表的人物をあげれば、顧雍《こよう》と陸遜がそれである。

ところが、孫権は皇帝になってからは、北方から江南にやって来た者にたいしてはもちろんのこと、南方土着の文臣、武将にたいしてまでも猜疑心を抱くようになってしまった。

たとえば、兵を率いて辺境の地の防衛にあたっている将軍に向かって、妻子を人質に出すように求めた。もし逆心を起こして、そこから敵に投降したり、逃亡を企てれば、ただちに人質を殺し、その罪を三族までおよぼした。この孫権のやり方は、当然のこととして臣下の不興《ふきょう》を買った。皇帝の猜疑心は、皇帝がみずからの統治能力にたいして自信を喪失していたことのなによりの証拠であった。臣下の皇帝への不信感はつのるばかりであった。

こうなると、いっそう孫権の猜疑心は深まるばかりであった。彼は、校事《こうじ》と称する監察官制度を設け、戦場の監察から、文武百官の動静まで監視させた。校事は自分たちの成績をあげるために、やたらとささいな過失まで糾弾《きゅうだん》するようになり、無実の者まで罪におとし、惨殺《ざんさつ》した。

そのころ孫権がもっとも寵愛《ちょうあい》し信任を寄せていた人物は、中書典校の呂壱《りょいつ》なる人物であった。この呂壱は性格が酷薄残忍で、法一点張りの男であった。太子の孫登《そんとう》は彼を憎んで重用してはならぬと、しばしば孫権をいさめたが、聞き入れなかった。まして大臣連中になると、罪におとされるのを恐れて、だれ一人あえて諫言《かんげん》する者はいなかったという。

こうした事情は、晩年にさしかかった漢の武帝が司法大臣の張湯《ちょうとう》を重用したのに似ている。張湯は武帝の意のあるところをすばやく汲んで、判決を下したという。秘密警察の役割を忠実に遂行し、文臣官僚や武将に少しでもつけいるすきがあれば罪におとしいれ、財産を没収した。民衆には苛酷な重税をかけ、国庫を増やすことにばかり熱心であった。すべての責任は武帝にあった。この酷吏を寵愛し、信任したのは武帝であった。肥大化していく専制君主支配の封建的官僚機構を思いのままに操るためには、酷吏《こくり》を使う必要があったのだ。外征につぐ外征で国費を費やし、たびかさなる封禅《ほうぜん》の儀式で放漫に流れた国庫の金を増やすためには、酷吏を使う必要があったのだ。

あれほど英邁《えいまい》で雄偉《ゆうい》な武帝ですらも駑馬《どば》になりかけていた。皇帝になった孫権から、かつての英気にあふれた駿馬《しゅんめ》のおもかげがしだいに消え失せてきた。彼は覇者たる者の威信を失い、いつしか権力の保全と増幅に異常な執着をみせる駑馬になりさがっていた。

❖暴政に一挨勃発

上将軍の陸遜と太常の潘濬《はんしゅん》は呂壱が権力を笠に着て、ほしいままに権勢をふるい、私腹を肥やすやり方をみて、国家の将来が危ないと語り合い、憂えて涙を流したという。もはや功臣陸遜もさじを投げていた。そのなかにあって、身の危険を冒して、孫権に上奏文をささげ直諫《ちょっかん》した人物がいた。驃騎将軍の歩騭《ほしつ》であった。

彼は、呂壱が無実の罪で重刑を課し、人をやたらと誣告《ぶこく》して陥れてきたこと、権勢をふるい私腹を肥やしてきたことなどの罪状をあげ、彼を君側から退けるようにいさめた。さらには孫権自身が大臣を信任しない態度を改め、志誠を尽くして国家の安定と国民の利益を図っている股肱《ここう》の臣の顧雍《こよう》・潘濬を信頼して用い、校事の職務制度を廃止するようにと提案した。

孫権は歩騭の上奏文を取りあげた。ただちに呂壱は罪に問われて殺されたが、校事の官はそのままであったので、大臣将軍たちはいぜんとして不安な心理状態におかれていた。

陳寿が『三国志』呉書の呉主伝第二で、孫権を英傑であったと評したのちに、その「性《しょう》、嫌《けん》忌《き》多く、殺戮《さつりく》をはたす。愈々《いよいよ》晩年に至り、愈々凶なり」という評語を加えたのは、以上のような事態をふまえてのことであった。それに孫権が皇帝となってからも、もともと地主、人民にたいする煩雑で重い賦役の状況はすこしも軽減されることはなかった。

顧雍と陸遜は賦役が重すぎるので、軽減するように建議したが、孫権は聞き入れずにつぎのように弁解した。

「もしも単に江東を守るだけならば、現在の兵力で十分であるし、賦役も軽く緩やかにすべきであろう。しかし、座して江東を守るにすぎないならば、呉は陋劣《ろうれつ》な小国であることをまぬがれないであろう。したがって、まずはあらかじめ兵力を整えて、臨機応変に対応できねばならぬ。民衆が苦労しているのは、わしも知らないわけではないが、やむをえないことでもあるのだ」

こういう理屈はともかくも、重く繁多な賦役が民衆にとって暴政であることには、かわりはなかった。

ついに、呉の嘉禾《かか》三（二三四）年に反乱が起きた。廬陵《ろりょう》の李桓《りかん》と羅歴《られき》らが兵乱を起こし、三年間にわたって長くはげしい反抗をつづけた。

この反乱がいまだ鎮圧されないでいた嘉禾五年に、李桓らの反乱に呼応するかのように、鄱《は》出身の彭旦《ほうたん》が兵乱を起こした。

翌年また鄱陽郡の呉遽《ごきょ》が農民を率いて大きな一揆《いっき》を起こし、この鎮圧にあたっていた呉の中郎将周祗《しゅうぎ》を殺害し、あたりの県城を片っ端から攻めおとした。この農民反乱軍のはげしい勢いを知って、これに呼応した民衆が予章・廬陵の二郡でも反乱を起こし、ついに陸遜将軍が鎮圧に乗りだした。

このように孫権の暴政に耐えきれず、民衆反乱がぞくぞく蜂起している状況のなかで、孫権は郡県の城郭を補修し、望楼を建て、塹壕《ざんごう》を掘って、盗賊の反乱に備え、力によって鎮圧にかかるばかりで、いっこうに民衆の負担を軽減しようとはしなかった。

孫権は病に倒れて死を悟ってから、はじめて、「徭役《ようえき》を省き、征賦《せいふ》を減じ、民の患い苦しむ所を除け」という勅令をだしている。このとき、孫権は、民衆の負担を軽減しなければならないことを、切実に感じたのであろうが、時期としてはすでに遅きにすぎていた。

❖両派の骨肉の争い

孫権はながく生きすぎた。

蜀では五丈原《ごじょうげん》で、諸葛孔明が陣没し、その後、揺るぎかけた蜀の屋台骨を蔣琬《しょうえん》・費禕《ひい》らが必死になってささえていた。

魏にあっては、明帝の死後、斉王芳《せいおうほう》が跡を襲ったが、すでに司馬仲達が権力を掌握し、曹氏魏朝の衰退は目にみえていた。

呉だけは、孫権が依然として健在であり、王座を維持して権勢を集中していた。そこに、孫権のおごりが生じた。独裁的な君主のふるまいが目立ってきたのだ。奇英の覇者孫権のおもかげはすでに過去のものであった。

『戦国策』に、「麒麟《きりん》の老いては駑馬《どば》に劣《おと》る」ということわざがあるが、孫権もその例外ではありえなかった。孫権はやはりながく生きすぎた。

たしかに、若き日の孫権の双眸《そうぼう》は、覇者の達成をめざして輝いていた。彼の周囲には有能な智賢の士がつぎつぎに集まり、孫権を覇者の位置に押しあげた。時には、「身を屈して恥を忍ぶ」ほどの柔軟な外交方針で、魏・蜀の間を遊泳しながら、ついに広大肥沃な呉国を擁し、その皇帝の座に昇り、三国鼎立時代の覇者となったのだ。

孫権が皇帝となったときは、まだ重臣の張昭も健在だった。大将軍の陸遜も生きていた。宰相の顧雍《こよう》、太常の潘濬《はんしゅん》もいた。ところが、独裁君主となった孫権は、これらの賢能の士たちの諫言に耳を貸そうとはしなかった。

そうした独裁君主の相貌をますますあらわにし、その性格をいよいよ深めていったのは立太子問題、つまり自分の後継者の選定問題においてであった。

孫権は皇位に就いたときから、呉王太子であった長男の孫登を皇太子に立てていた。呂壱問題では父をいさめ、将来を嘱望されていた聡明な孫登であったが、呉の赤烏《せきう》五（二四二）年に父に先立って死去してしまった。呉の宮廷内に紛争の火種が生じたのはこれからであるが、紛争のタネをまいたのは、孫権そのひとであった。

孫登が死ぬと、孫権は王夫人との間にもうけた孫和《そんか》を太子にすえた。時に一九歳の若者であった。ところが、同時に孫権は和の弟の孫覇《そんは》を魯王に封じ、これを溺愛《できあい》した。

孫権は孫覇にたいして、皇太子と少しも変らぬ待遇にした。皇帝たる者がこういう動きをみせると、臣下たちのなかには敏感にその動きをかぎとり、孫覇を皇太子にという反応があらわれてきた。孫覇も父の溺愛をよいことに兄の皇太子を追い落とし、その地位を奪い取ってやろうと、だいそれた野心を抱くようになってきた。こうして宮廷内はたちまち太子派と魯王派の二つの派閥に割れて暗闘をくりひろげるようになった。たがいに、孫権をなかに挟んで相手側を中傷し、相手の足を引っぱりあった。

丞相の陸遜《りくそん》、大将軍の諸葛恪《しょかつかく》、太常の顧譚《こたん》、驃騎将軍の朱据《しゅきょ》、会稽太守の滕胤《とういん》などは皇太子孫和の擁護に回り、驃騎将軍の歩騭《ほしつ》、鎮南将軍の呂岱《りょたい》、大司馬の全琮《ぜんそう》、左将軍の呂拠《りょきょ》、中書令の孫弘《そんこう》らは魯王の孫覇を支持した。

皇太子派の諸葛恪は孔明の甥で、諸葛瑾《きん》の息子であった。同じ派の顧譚は前丞相の顧雍《こよう》の孫である。世代はすっかり変わっていた。顧雍は皇太子の孫登が亡くなった翌年の赤烏六年に病死した。彼は重厚な人物で、宮廷内で人望もあり、にらみもきいていたので、彼が丞相として在世中は、両派の争いはまだ水面下の動きでしかなかった。顧雍の重しが取れると、事態は悪化した。顧雍のあとを受けて丞相となった陸遜は、荊州牧で上将軍を兼ね、戦略要地の荊州に駐屯しており、丞相とは名目だけで、依然として建業の都から遠く離れていた。

❖功臣陸遜の憤死

これでは、顧雍に代わる人材が廷内にいないのと同様で、両派の争いはエスカレートするばかり。とりわけ魯王派は、孫権の偏愛と陸遜の不在をよいことに盛んに策謀をめぐらして、太子の失脚を謀った。このうわさを荊州で耳にした陸遜は、このまま捨てておくわけにはいかず、孫権に上書し、嫡出子正統論を吐いた。

太子は正統なり。よろしく盤石の固めあるべし。魯王は藩臣なり。まさに寵秩《ちょうちつ》をして差あらしむべし。彼これ所を得て、上下は安んずるを獲。謹んで叩頭《こうとう》流血してもって聞《ぶん》す。

陸遜は再三再四、こうした内容の上書をしたためた。嫡出子と庶出子の区別を論じ、皇太子を支持して、荊州から都の建業にのぼりたい旨の要請を願い出たが、孫権は聞き入れない。しかも孫覇への溺愛はいっこうに改まらなかった。

陸遜の輝かしい名声とそれにともなった実力を知っている魯王派は、彼が都に帰り、丞相として腕をふるうようにでもなれば、自分たちのほうに失脚の恐れがあると考え、猛然とまきかえしにかかり、陸遜を追い落とすべく、陸遜の罪を二〇ヵ条でっちあげて、孫権に提出した。

この魯王派の讒言《ざんげん》を、こともあろうに孫権は取りあげた。すでに、孫権は孫覇可愛さのあまり、もの事の実相が見えなくなっていた。くりかえすが、とっくにかつての覇者孫権の威信は消え失せていた。配下のだれを信任すべきか、だれが呉国のために粉骨砕身してきたか、だれよりも知っているはずの孫権が陸遜を疑い、彼を断罪したのだ。

まずは、陸遜の仲間である顧譚《こたん》・顧承《こしょう》・姚信《ようしん》が皇太子に親しみ、臣従しているという理由から、流罪になり、官位を落とされた。皇太子太傅《たいふ》（後見役）の吾粲《ごさん》は、しばしば陸遜と書状をかわしているという罪で、獄につながれて死んでいった。

そうしておいて、孫権は荊州の陸遜のもとに問責使を派遣した。陸遜は呉随一の功臣であり、現丞相である。問責を受けて辱じ、憤りを発して死んだ。憤死である。時に赤烏八年、六三歳の死であった。彼の家には余分の財産はなに一つのこされていなかった。

のちに孫権は陸遜の無実を知って後悔したが、そのときはすでに遅かった。陸遜の死は、孫権の死でもあり、呉国の滅亡を意味していた。孫権はいまだ陸遜の憤死の象徴的な意味をつかめずにいた。

最晩年の孫権は潘《はん》夫人を寵愛した。その間に孫亮《そんりょう》をもうけ、こんどはこれが目の中にいれても痛くないほどに可愛くなった。いつはてるともなくつづく皇太子孫和と魯王孫覇の骨肉の争いに、孫権はしだいに嫌気がさしていた。父の愛もまた、孫覇から孫亮へすっかり移ってしまっていた。

ついに、孫権は決断した。このまま骨肉の争いが進めば、国の存否につながりかねないと考えたからである。遅きにすぎたが、ここまでの孫権の判断はまちがっていなかった。

❖後事をすべて諸葛恪に託す

ところが、その先の孫権の処断が、両派にたいして喧嘩両成敗のかたちをとったところに、決定的な明察を欠いていた。

赤烏一三（二五〇）年、太子孫和は廃嫡《はいちゃく》となり、皇太子の座から降りた。もちろん、廃嫡には強く反対する者が出たが、孫権はそれぞれに厳罰をもって臨んだ。彼があれほどに偏愛した魯王孫覇には死を賜り、その一党はことごとく斬首された。

皇太子孫和をなぜ孫権は廃嫡しなければならなかったのか。孫権の溺愛をよいことに、皇太子の座に野心を抱いた孫覇の死罪はやむをえないとしても、孫和を廃立する必要はなかった。陸遜が健在ならば、そうはさせなかったであろう。孫権は溺愛した孫覇を死に追いやることにこだわったにちがいない。こだわったから、皇太子の廃嫡に踏みきったのである。

代わって、孫亮が皇太子となった。わずかに八歳、あまりにも頼りない少年皇太子であった。その一年後に、孫権は病に倒れた。骨肉の争いに心を痛め、きびしい処断を下した孫権はあまりのむごたらしさに、心身ともに疲れ、いつの間にか病魔にむしばまれていた。

彼は都建業の南の郊外で天を祭ったさい、風邪を引いていたのが直接的な原因で、死の床に就いたのである。

皇太子の亮はまだまだ幼い。後事をだれかに託さねばならないが、だれに託すべきか、孫権は死の床で考えあぐねていた。

孫権は、ひとまず諸葛恪を予州から呼び戻すと、予州牧、大将軍の肩書のまま、太子太傅を兼任させた。中書令の孫弘を太子少傅に任命して、太子を補佐させることにした。

やがて、孫権は自分の病が重いことを知って、枕頭《ちんとう》に諸葛恪、孫弘をはじめ、礼部尚書の滕《とう》胤《いん》、左将軍の呂拠《りょきょ》らをよび寄せて、後事を託した。

「わしは病魔に苦しみ、そうながい命ではあるまい。そちたちと会えるのも、これが最後であろう。これから先のことは、いっさいそちたちにまかせる」

こう遺言してから、孫権は群臣に向かって国政の全権を諸葛恪にゆだねると指示した。

翌日、孫権はこの世を去った。七一歳の生涯であった。陸遜が病死してからすでに七年の歳月が流れていた。

太子の孫亮が即位し、改元して建興元（二五二）年となった。

皮肉なことに、国政を委託されて幼帝の後見人となった諸葛恪は、諜報《ちょうほう》・検察に携わっていた校事の制度廃止、負債の免除、物品税の撤廃など、孫権の悪政として怨嗟《えんさ》の的《まと》となっていた諸問題の解決にあたったが、それから三〇年もたたないうちに、呉は滅亡した。

おわりに

『三国志』蜀書の先主伝で、著者の陳寿は劉備玄徳について、こう評している。

先主劉備は、度量が広く意志が強く、篤実寛容であったので、人物を見分けて、士人を待遇した。思うに漢の高祖劉邦の面影があり、英雄の器であった。諸葛孔明にその国をまかせ、遺児をたくした心になんの迷いもなかった。まことに私心を去った君臣のあり方として、古今を通じて最高のものであった。権謀と才略にかけては、魏の曹操には及ばなかったので、国土も狭かったが、敗れても屈せず、最後まで曹操の下に仕えなかったのは、そもそも曹操の度量が絶対に自分を受け入れないと推し測っていたからである。ただ単に利を競ったのではなく、そこなわれるのを避けたためでもあった。

「弘毅寛厚、人を知り士を待するは、蓋《けだ》し高祖の風有り。英雄の器なり」とは、その書き出しの漢文脈だが、覇者英雄をたたえる最大の賛辞である。漢の劉邦は学問こそなかったが、どことなく人間をひきつける魅力があったので、張良《ちょうりょう》・韓信《かんしん》・蕭何《しょうか》・樊噲《はんそ》・陳平《ちんぺい》などひとくせもふたくせもある人材が集まってきて、劉邦のために尽くした。劉邦も彼らを信頼して事にあたらせ、彼らの意見をいかして勝利をおさめ、ついに乱世を御して天子高祖となることができた。——陳寿は劉備にもこのような英雄の器があったとみたのである。

なるほど、諸葛孔明・黄権・関羽・張飛・趙雲などがあれほどにまで慕った劉備の人間的魅力は、ただものではあるまい。

劉備に仕えたばかりの孔明を、赤壁の戦い前に使者として引見した呉の孫権が、彼を呉に迎えることに熱心であり、兄の諸葛瑾に相談をもちかけた話は有名である。関羽もまた魏の曹操がぞっこん惚れこんだ豪勇である。敵将として捕らえられた関羽の縄目をとき、自分の部将にとりたてて厚遇した。にもかかわらず、孔明には孫権に仕える二心がなかったし、関羽は曹操に恩義を返してから、劉備のもとに帰参している。

趙雲はもともと白馬将軍公孫瓚《こうそんさん》の輩下に属していたが、そこで劉備を知る。それからほぼ八年を経た建安五（二〇〇）年、曹操に追われた劉備が袁紹を頼って単騎冀州に逃げたとき、その劉備のもとに馳せ参じてきたのが、趙雲であった。「仁政の在る所に従う」という彼の信条のままに、劉備に従ったのだ。

魏の黄初三（二二二）年、劉備は関羽の仇を討ち、さらに荊州を奪回せんとして呉の東征をおこなったが、敗北する。このとき別動隊として長江北岸沿いに進撃していた黄権の部隊はとりのこされて孤立し、やむなく魏に降伏した。

これを知った蜀の司法官は軍法どおり黄権の家族を逮捕しようとしたが、劉備は、「孤《われ》は黄権に負《そむ》く、黄権は孤《われ》に負かず」といって、いままでどおり黄権の家族を処遇した。いっぽう黄権のところに、「家族が処刑された」とデマが流れたが、本人はそんなことをなさる劉備殿ではないと、頭から信じていっこうに動じる気配がなかった。

劉備は敗北の悲境に立っていたが、おのれの非を認めて家臣を責めず、その家族を思いやる心をもっていた。覇業を達成するには、覇者個人の知力などは知れたものである。たくさんの知略、腕力を集結することができねば、覇者たることは不可能である。なんの背景の財力もなかった劉備のように、まったく無の状態から覇者たらんと志した者には、とりわけ人々の心をひきつける徳は必要だった。劉備は天性その徳をそなえていた。

黄権は黄権で、主人への絶対的な信頼を崩さない。まして降伏した異国で厚遇されている身では、「家族が処刑された」という知らせを聞いただけで疑心暗鬼になるのが普通だが、黄権は劉備の人格に一片の懸念をもさしはさまずに、毅然としていた。このような信頼関係が、劉備をとりまく他の主従関係に多様なかたちで成立していた。

劉備の徳としかいいようのない人間的な魅力が一種のカリスマ性をそなえていたので、それに吸引された家臣集団が存在し、劉備と信義的紐帯で結ばれていたのだ。これが、劉備の覇業達成の大きなエネルギーとなったのである。

劉備とその家臣集団があつい信義の紐帯で結ばれていた多くの類例を、曹操と孫権の場合にさがすことはできない。しかも、劉備には、他の二者が覇権主義にたっているのとは異なって、漢室の末裔という金看板を担っており、あきらかにその再興という大志が存在していた。

なるほど、劉備は覇業を達成するまで、後漢末の動乱期に台頭してきた有力な群雄と手を結び、その間を遊泳しながら、身に迫る危機をたくみに切り抜けてきた。陰謀家の呂布の目からみれば、「こやつこそ、いちばんの食わせ者だ」と映ったかもしれないが、目前の利を追うだけの陰謀家とちがって、彼はもっと遠いところをみていた。それは漢室の再興をこのわが手で成し遂げてみせるという大志であった。それが曹操のもとで屈従することに甘んじることのできなかった理由であり、曹操の野望を砕く暗殺計画に加担させたのである。いくどとなく窮地に追いこまれても、それはそのときで、「天運を待つ」ことができたのは、その大志を一貫してもちつづけていたからである。

その大志は、後漢末の「清流」派知識人の精神的系譜を、老師の司馬徳操、逸民の龐徳公からしっかりと受けついでいた諸葛孔明にも共通していた。これが異質の二人を結びつけたのだ。

蜀漢国創建の当初に、治者として劉備がみせた抜群の人材登用術と統率力は、他の覇者にけっして劣るものではなかった。しかも、それを助勢した丞相孔明を最後まで信頼して、私心を捨てて漢室再興を中原の地で果たす大業を孔明に託したところなど、たしかに劉備はあっぱれ英雄の器量をそなえていた。

江南の沃野に覇業を達成した呉の盟主孫権は、父の孫堅、兄の孫策二代にわたって築き上げた軍事的基盤があっただけに、曹操と劉備にくらべれば、はるかにめぐまれた境遇から出発できたといえるであろう。

ところが、『三国志』呉書の孫権伝をみると、陳寿はこう記している。

　孫権は、身を屈して恥を忍び、才を任んじ、計を尚び、勾践《こうせん》の気英ふるくから有り。人の傑なり。故に能《よ》くみずから江表に擅《ほしいまま》にして、鼎峙《ていじ》の業を成す。

「身を屈して恥を忍ぶ」とは、曹氏の魏国にたいして、しばしば臣従の辱めを受け、身を屈して臣下の礼をとったことをさすであろう。それしも江南の地に鼎峙の覇業を保持せんがためにとった、やむをえざる忍従であった。

勾践は春秋末期に呉王夫差と熾烈な戦いをして敗れ、起き伏しににがい干し肝をなめて、夫差に報復を誓った越王である。この勾践には、宰相の范蠡《はんれい》、大夫の逢同《ほうどう》・種といった権能の士がいて、その人々の意見を重んじて、報復をとげたが、孫権にもこの勾践の奇英、すぐれたところがあったというのが、陳寿の評価である。

孫権は彼とともに時代の空気を鋭くかぎわけることができた同世代の権能の士を広く集め、

彼らの才能をいかすことに熱心であった。ともすれば冷や水をあびせかねない宿老・重臣にくみすることなく、若き世代のたてまえにこだわらずに、ずばり現実の本質をついた意見・戦略を積極的に取り上げ、擁護した。それだけ孫権が進取の覇気に富む人物であったといえる。それが彼を覇者にまでおしあげたのである。

赤壁の戦いで、強敵曹操の天下統一の野望の前にたちはだかり、これを打ち砕き、勝利に導いた英傑たちは、孫権の二七歳を筆頭に、諸葛孔明二八歳、魯粛三七歳、周瑜三四歳といずれも二〇代、三〇代に属していた。まだ表舞台には躍り出ていないが、そのとき、呂蒙は三〇歳、陸遜は二五歳であった。魯粛なきのちの軍師に呂蒙がなり、呂蒙病死ののちの軍師に、呂蒙は自分よりもっと若い陸遜を推挙した。孫権も若い権能の士をすすんで登用し、彼らの鋭い現実洞察力を信頼し、それをいかした。

時に五三歳になっていた曹操は、この子供ほどに年のちがう孫権が、その後、濡須口の戦いでみせた余裕のある進退、戦術をみて、「子供をもうけるならば、孫権のごときがよい」とたたえているほどだから、この若き呉の盟主は少々のことではたじろがぬ胆力と戦略を身につけていた。

孫呉政権の経済基盤が飛躍的に安定してきたのも、孫権の執政期である。

呉の経済発展の諸政策を打ち出すのに、孫権はすこぶる熱心であった。それが実現せねば、外圧に耐えることはできなかったからである。

彼は呉越の原住民である「山越」を討伐し、彼らを帰順させると、平地に移住させ、屯田制にくりこんで農業生産の発展につとめた。呉の嘉禾《かか》三（二三四）年、孫権麾下の将軍諸葛恪は大軍を率いて、「山越」勢力がもっとも強かった丹陽郡の鎮圧にかかった。三年がかりの包囲戦のすえ、「山越」十万余人が投降した。孫権はそのうち壮丁四万人を軍隊に組み入れ、そのあまりは民屯で開墾農業に従わせている。

長江と広大な海岸線をかかえている呉では、水上と海上交通の利用頻度がおおかったので、造船技術も相当高い水準に達していた。六、七〇〇人と五〇〇トンの物資を積載することのできる、長さ二〇余丈（六〇メートル余）もある船舶が造られていた。

孫権は、衛温・諸葛直に一万の兵を率いさせ、かかる大船をつらねて、夷州いまの台湾に上陸、土着の高山民族数千人を本土に運んで、平地に移住させて農業生産にあたらせている。南海航路では扶南いまのカンボジアと、林邑いまのベトナム中部の諸国と友好関係を結び、海外貿易に積極的にのり出したのも、孫権であった。

その結果、都の建業を中心とした東呉地域の社会経済は飛躍的な発展を遂げ、太湖沿岸と銭塘江流域に富裕な経済圏ができあがったといわれている。

治者として抜群の能力を発揮した孫権であったが、彼が皇帝となって守成の覇権主義に徹するようになって、さすがの駿馬も老いたる駑馬になってしまった。

もともと、孫呉政権は主として南北の大地主豪族の支援があって、その上に成立していた。張昭・周瑜・魯粛・諸葛瑾らは北方出身の豪族であり、孫策・孫権兄弟の腹心となった人々である。孫権はこれに加えて、細心に江南の土豪を手なずけることにつとめ、成功した。たとえば、顧氏・陸氏・朱氏・張氏は呉郡の四大地主であったが、いずれも孫権に荷担し、その政権の基盤固めに重要な役割を果たした。その代表的人物が陸遜である。

ところが孫権が皇帝となってからは、北方からの重臣にたいしてはもちろんのこと、南方出身の文臣・部将にたいしても、猜疑心を働かせ、校事と称する監察制度を設けて、家臣のささいな過失まで糾弾するようになり、しだいに民心を失うようになった。

曹操は魏王のままで、後継者に曹丕を選び、文帝曹丕もまた曹操をささえた家臣をそのまま重用して事なきをえた。劉備は諸葛孔明に全幅の信頼を寄せて、後事のすべてをまかせた。孫権だけは長命であったが、晩年、皇太子問題につまずき、最大の功臣陸遜まで疑うようになった。駿馬が駑馬になって、いちばん迷惑したのは、呉の民衆であった。

西暦	年号	蜀漢の動き	呉の動き	魏・その他の動き
一五五	永寿元			曹操、生まれる
一五六	〃二		孫堅生まれる	
一六一	延熹四	劉備生まれる		
一六六	〃九			党錮の獄起こる（第一次）
一六八	建寧元			劉宏、即位して霊帝となる
一六九	〃二			党錮の獄起こる（第二次）
一七二	熹平元		孫堅、銭塘で海賊を討つ	
一七三	〃二		魯粛生まれる	
一七四	〃三	諸葛瑾生まれる		
一七五	〃四		孫策生まれる。周瑜生まれる	
一七八	光和元		呂蒙生まれる	
一七九	〃二			司馬仲達生まれる
一八一	〃四	諸葛孔明生まれる		
一八二	〃五		孫権生まれる	
一八四	中平元		陸遜生まれる	黄巾の乱起こる

一八七	〃　四		孫堅、桂陽で賊を討つ	曹丕生まれる
一八八	〃　五			朝廷、八校尉をおく
一八九	〃　六			霊帝崩ず。弁、即位して少帝となる 袁紹、宦官を誅滅す 董卓、入洛、少帝を廃し、劉協を立て献帝とする
一九〇	初平　元	劉備、公孫瓚のもとに走る	孫堅、荊州刺史王叡を殺す	袁紹ら、反董卓義兵招集 董卓、長安遷都 劉表、荊州牧となる
一九一	〃　二	劉備、平原の相となる	孫堅、入洛して漢の宗廟を修復す	董卓、長安に入る
一九二	〃　三		孫堅、荊州の黄祖を討ち、襄陽で戦死	董卓、王允・呂布に殺される 曹操、青州の黄巾軍三〇万を収む
一九三	〃　四			曹操、袁術を討つ 曹操の父嵩、陶謙に殺さる
一九四	興平　元	劉備、徐州牧となる		曹操、陶謙を討つ 陳宮・張邈・呂布が曹操に背く
一九五	〃　二			曹操、呂布を破る

一九六	建安 元	劉備、呂布に襲われ、曹操を頼る		曹操、許に献帝を迎える
一九七	〃 二	諸葛孔明、隆中に移り住む		袁術、皇帝を自称す
一九八	〃 三	劉備、董承と曹操暗殺を謀る		曹操、呂布を殺す
一九九	〃 四	曹操暗殺計画発覚。劉備、冀州の袁紹のもとに走る		袁術没す
二〇〇	〃 五	関羽、曹操に捕わる	孫策没す、孫権が継ぐ この頃、諸葛瑾、孫権に仕える	曹操、官渡の戦いで勝利
二〇一	〃 六	劉備、曹操に敗れ荊州の劉表を頼る		曹操、汝南で劉備を破る
二〇二	〃 七			袁紹、没す
二〇七	〃 一二	劉備、三顧の礼。劉禅生まれる		曹操、丞相になる
二〇八	〃 一三	劉表病没、劉琮継ぐ 劉備、南に逃れる。長坂の戦い	孫権、劉備と同盟する 赤壁の戦いで曹操軍に勝利	曹操、劉表を攻める 曹操、赤壁に大敗、北に還る
二〇九	〃 一四	劉備、荊州牧に。孫権の妹を娶る	孫権、合肥を囲む	
二一〇	〃 一五	劉備、孫権と荊州を争う	孫権、劉備と荊州を争う。周瑜没す	曹操、「求賢令」を発す

二一一	〃一六	劉備、劉璋の招きに応じ巴蜀に入る		曹操、馬超・韓遂を討つ
二一二	〃一七		孫権、都を秣陵に遷し建業と改名	曹操、孫権を攻め濡須に至る
二一三	〃一八			曹操、魏公となる
二一四	〃一九	龐統没す 劉備、成都の劉璋を破り益州牧となる		曹操、献帝の皇后伏氏を殺す
二一五	〃二〇	劉備、孫権と和睦、荊州分割支配	孫権、劉備と和睦、荊州分割支配	曹操、張魯を討つ
二一六	〃二一	劉備、曹操と漢中を争う		曹操、魏王となる
二一七	〃二二		孫権、曹操に降る。魯粛没す	
二一八	〃二三	劉備、漢中を攻略		
二一九	〃二四	劉備、漢中王となる 関羽、樊城を囲み、于禁を捕らえ龐徳を殺す 関羽・関平、戦死	孫権、魏と同盟し関羽を襲う 呂蒙、荊州を襲う。呂蒙没す 孫権、曹操に臣従、荊州牧となる	曹操、漢中を放棄、長安に還る
二二〇	〃二五	後漢王朝滅亡		曹操、洛陽で病没す
二二一	蜀・章武元	劉備、皇帝に即位。孔明、丞相に	孫権、鄂に遷都し武昌と改称	
	魏・黄初二	張飛、部下に暗殺される	孫権、呉王に任命される	

二二二	蜀・章武二	劉備、呉に出兵、白帝城に敗走する	陸遜、夷陵の戦いで劉備を破る	
	呉・黄武元		孫権、黄武の年号を立てる	
二二三	蜀・章武二	劉備、白帝城に病没、劉禅が即位		
	呉・黄武二	鄧芝、呉に行き、呉と同盟	魏と断絶、蜀と結ぶ	
二二四	魏・黄初五			曹丕、呉に親征
二二五	蜀・建興三	諸葛孔明、南征して反乱を鎮める		
	魏・黄初六			曹丕、呉を再攻、失敗
二二六	呉・黄武五		孫権、襄陽に出兵、失敗	
	魏・黄初七			曹丕（文帝）没す。曹叡即位（明帝）
二二七	蜀・建興五	諸葛孔明、「出師の表」を奉り、漢中に出兵		遼東に公孫淵が領す
二二八	蜀・建興六	諸葛孔明、祁山に進攻。馬謖刑死		
二二九	蜀・建興七	諸葛孔明、第三次北伐。趙雲没す	孫権、皇帝に即位（大帝）	
	呉・黄龍元		孫権、建業に遷都	
二三〇	蜀・建興八	諸葛孔明、第四次北伐		
	魏・太和四			魏、合肥に新城を築く

二三一	蜀・建興九	諸葛孔明、第五次北伐、撤退		司馬仲達、蜀を攻める
二三二	呉・嘉禾元 魏・太和六		孫権、遼東に使節派遣 太子孫登、建業に移る	公孫淵、呉に使節を派遣 曹植没す
二三三	呉・嘉禾二 魏・青龍元		孫権、公孫淵を燕王に封ず	公孫淵、呉の使節を斬る 魏、公孫淵を楽浪公に封ず 陳寿、生まれる
二三四	蜀・建興一二 呉・嘉禾三	諸葛孔明、第六次北伐 諸葛孔明、五丈原で陣没	孫権、合肥、襄陽に出兵	山陽公（後漢の献帝）没す
二三六	呉・嘉禾五		張昭没す	
二三七	魏・景初元			公孫淵、燕王を自称
二三八	魏・景初二			司馬仲達、公孫淵を破る 卑弥呼の使者、帯方郡に至る 公孫氏滅亡
二三九	魏・景初三			明帝没す。曹芳即位（少帝）
二四一	呉・赤烏四		孫権、魏を攻撃、失敗 諸葛瑾没す。孫登没す	

二四二	呉・赤烏五		孫権、孫和を太子、孫覇を魯王として、対立を招く	
二四四	呉・赤烏七		陸遜、丞相になる	
	魏・正始五			曹爽、漢中を攻めるが失敗
二四五	蜀・延熙八	宦官の黄皓、政治に介入		
	呉・赤烏八		孫和と孫覇の対立激化。陸遜没す	
二四九	魏・嘉平元			司馬仲達、クーデタ、曹爽一派を誅滅
二五〇	呉・赤烏一三		孫権、太子を廃嫡、魯王を自殺させ、孫亮を太子に	
	魏・嘉平二			魏、呉を攻める
二五一	魏・嘉平三			王凌の謀叛発覚。司馬仲達没す 司馬師継ぐ
二五二	呉・建興元		孫権没す。孫亮継ぐ	
二五三	呉・建興二		孫峻、諸葛恪を誅殺す	
二五四	魏・正元元			司馬師、曹芳を廃し、曹髦を帝位に
二六〇	魏・景元元			曹髦没し、曹奐、帝位に就く
二六三	蜀・炎興元	劉禅、魏に降伏する		
二六四	呉・永安七		孫休没す。孫皓即位する	

	魏・咸熙元			司馬昭、晋王となる
二七一	魏・泰始七	劉禅、洛陽にて没す		
二八〇	太康元		晋に攻められ、呉、滅亡	晋、中国統一

さくいん

（劉備・孫権・曹操・諸葛孔明、魏・呉・蜀など、頻出する語句は除外した。）

【は・ひ】

【ふ・ほ】

【め・よ・ら】

【り】

新《しん》・人《ひと》と歴史《れきし》　39
『三国志《さんごくし》』の英雄《えいゆう》　劉備《りゅうび》玄徳《げんとく》と孫権《そんけん》

定価はカバーに表示

2020年８月30日　　初　版　第１刷発行

著　者　　林田《はやしだ》　愼之助《しんのすけ》
発行者　　野村　久一郎
印刷所　　法規書籍印刷株式会社
発行所　　株式会社　**清水書院**
〠102−0072
東京都千代田区飯田橋3−11−6
電話　03−5213−7151㈹
FAX　03−5213−7160
http://www.shimizushoin.co.jp

カバー・本文基本デザイン／ペニーレイン
乱丁・落丁本はお取り替えします。　ISBN978−4−389−44139−5